롤링 스톤즈 경영 시크릿

롤링 스톤즈 경영 시크릿
대기업이 된 록 밴드의 브랜드 생존법

초 판 1쇄 2025년 08월 04일

지은이 피용익
펴낸이 류종렬

펴낸곳 미다스북스
본부장 임종익
편집장 이다경, 김가영
디자인 임인영, 윤가희
책임진행 이예나, 김요섭, 안채원, 김은진

등록 2001년 3월 21일 제2001-000040호
주소 서울시 마포구 양화로 133 서교타워 711호
전화 02) 322-7802~3
팩스 02) 6007-1845
블로그 http://blog.naver.com/midasbooks
전자주소 midasbooks@hanmail.net
페이스북 https://www.facebook.com/midasbooks425
인스타그램 https://www.instagram.com/midasbooks

© 피용익, 미다스북스 2025, *Printed in Korea*.

ISBN 979-11-7355-345-5 03320

값 18,500원

※ 파본은 구입하신 서점에서 교환해드립니다.
※ 이 책에 실린 모든 콘텐츠는 미다스북스가 저작권자와의 계약에 따라 발행한 것이므로 인용하시거나 참고하실 경우 반드시 본사의 허락을 받으셔야 합니다.

미다스북스는 다음세대에게 필요한 지혜와 교양을 생각합니다.

The Rolling Stones' Business Secrets

록 밴드는
어떻게
대기업이
되었을까?

반세기를
지배한 록 밴드,
롤링 스톤즈의
마케팅 전략

★ 피용익 지음 ★

롤링 스톤즈 경영 시크릿
대기업이 된 록 밴드의 브랜드 생존법

미다스북스

인트로

8 롤링 스톤즈는 왜 경영 교과서인가?

1 ★ 스스로 미래를 창조하라

17 기회는 준비된 자에게 온다
: 비틀즈 해체를 기회로 만든 롤링 스톤즈

30 오리지널리티를 만들어라
: 패스트 팔로워에서 퍼스트 무버로 도약

43 경쟁 패러다임을 바꿔라
: 콘서트를 비즈니스로 만든 기상천외한 아이디어

2 ★ 독보적인 브랜드를 만들어라

57 소비자는 디자인을 보고 선택한다
: 앨범 커버 아트를 앤디 워홀에게 맡긴 이유

67 아이덴티티를 창조하라
: 롤링 스톤즈의 정체성을 효과적으로 알린 비결

76 홍보가 된다면 이슈를 만들어라
: 스캔들을 마케팅 자산으로 만든 전략

3 ★ 매출을 늘리고 이익을 남겨라

87 위기 때는 기본으로 돌아가라
: 혼란 속에서 록의 근본을 되짚은 까닭

97 주력 사업을 발굴하고 키워라
: 음악 밴드에서 콘서트 기업으로의 변화

108 새로운 시장에서 기회를 찾아라
: 공연장에서 티셔츠를 판매하겠다는 발상의 전환

4 ★ 끊임없이 변화를 추구하라

119 관성의 법칙을 깨라
: '록부심'을 버리고 디스코에 몸을 맡긴 지혜

130 시대 가치의 변화에 따르라
: 히트곡을 부르지 않기로 한 결정의 의미

138 세상에 없던 혁신을 만들어라
: 위협을 변화의 계기로 만든 파괴적 실험 정신

5 ★ 위기관리에 혼신을 다하라

147 절세는 가장 큰 비용 절감이다
: 프랑스에 건너간 롤링 스톤즈가 얻은 것

156 모두가 회사의 주인처럼 행동하라
: 멤버 모두 경영자가 되는 조직을 만든 계기

165 개인보다 조직을 우선하라
: 리더십 불화 속에서도 유지된 팀워크의 조건

6 ★ 1순위는 사람이란 걸 명심하라

179 만남을 소중히 여겨라
: 믹 재거와 키스 리처즈의 조우가 만든 기적

187 손절해야 할 타이밍을 알아라
: 밴드의 리더를 퇴출해야만 했던 속사정

197 핵심 인재는 쉽게 버리지 말아라
: 누구에게나 또 한 번의 기회는 있다

7 ★ 운둔근을 기억하라

207 운이 올 때까지 실력을 키워라
: 실력과 전략에 운이 더해진 순간

215 둔하게 인내하는 미덕을 가져라
: 60년간 무너지지 않은 일관성과 끈기

222 근성이 없으면 성공할 수 없다
: 단기적 성과보다 장기적 비전과 지속적 노력

8 ★ 위대한 유산을 남겨라

231 창업을 했다면 레거시를 만들어라
: 지속 가능한 브랜드를 만드는 방법

238 사회적 책임을 다하라
: 록 밴드의 자선 활동이 가져온 브랜드 가치 상승

243 본질은 이윤 창출이란 걸 명심하라
: 수십억 달러를 벌어들인 음악 기업

아웃트로

251 밴드에서 기업이 된 롤링 스톤즈의
여정은 현재 진행형

★ 인트로 ★

롤링 스톤즈는 왜 경영 교과서인가?

화려한 스포트라이트를 받으며 수많은 팬들에 둘러싸인 뮤지션은 어딘가 특별한 존재 같지만, 사실 따지고 보면 경제 활동을 하는 하나의 사람일 뿐이다. 노동의 종류가 조금 다를 뿐, 일을 해서 돈을 벌고 세금을 낸다는 점에서 보통의 근로자들과 별반 다르지 않다. 실력이 있고 운이 따르는 사람이 남들보다 성공한다는 점도 똑같다.

그런데 어떤 뮤지션은 일개 근로자의 수준을 넘어 기업의 경지에 오르기도 한다. 실제로 우리는 유명 아티스트의 수식어로 '걸어 다니는 기업'이란 표현을 쓴다. 이들은 음악을 창작하고 공연을 해서 돈을 버는 것에서 그치지 않는다. 수많은 고용을 창출하고, 어마어마한 부가 가치를 일으키며, 국가 세수에도 의미 있는 기여를 한다. 엘비스 프레슬리(*Elvis*

*Presley)*가 그랬고, 비틀즈*(The Beatles)*, 마이클 잭슨*(Michael Jackson)*도 마찬가지였다. 멀리 갈 것도 없이 우리나라에서 방탄소년단*(BTS)*이나 아이유*(IU)*가 창출하는 경제 효과는 웬만한 기업에 맞먹는다.

그러나 기업이라는 유기체의 수명은 생각보다 훨씬 짧다. 미국 스탠더드 앤드 푸어스*(S&P)* 500 지수에 포함된 기업들의 평균 수명이 18년 미만이라고 하니, 100년 기업은커녕 대다수 기업은 창업부터 폐업까지 한 세대도 넘기기 어렵다는 얘기다. 하물며 '걸어 다니는 기업'은 애초에 '장수 기업'이 되는 것이 불가능에 가깝다. 기업은 후계자에게 물려줌으로써 존속할 수 있지만, 아티스트는 늙고 병들어 죽기 때문이다. 최대한 오래 생존한다고 하더라도, 지금 스포트라이트를 받는 뮤지션이나 밴드가 앞으로 수십 년 동안 인기를 이어가기는 어렵다.

그런 점에서 영국 록 밴드 롤링 스톤즈*(The Rolling Stones)*는 매우 특별한 사례라고 할 수 있다. 음악을 통해 올리는 매출과 연관 산업에서 창출하는 경제 효과 측면에서 기업의 경지에 올라섰을 뿐 아니라, 수많은 경영 환경의 변화 속에서도 대중음악 산업에서 60년 이상 확고한 입지를 갖고 있다는 점에서다.

이처럼 반세기가 훨씬 넘도록 쉬지 않고 활동하며 음악 산업에서 막대한 영향력을 갖고 있는 아티스트는 손에 꼽을 정도다. 롤링 스톤즈와 함께 1960년대 초반에 등장했던 비틀즈, 애니멀즈(The Animals), 홀리스(The Hollies) 등이 이미 오래전에 해체하거나 사실상 활동을 중단한 것과 비교하면 롤링 스톤즈의 지속성은 독보적이다.

단지 장수만 하고 있는 게 아니다. 전 세계 주요 도시의 대형 스타디움에서 열리는 롤링 스톤즈 콘서트는 매회 매진될 정도로 인기가 여전하다. 전성기에 버금가는 많은 돈을 벌고 있기도 하다.

1962년에 결성된 롤링 스톤즈가 밴드 나이로 '환갑'을 넘기도록 인기를 유지하고 매출을 올리면서 장수할 수 있는 비결은 무엇일까?

무엇보다, 이들에게는 경영 전략이 있었다. 록 밴드가 연주 잘하고 노래 잘 부르면 되지, 무슨 경영을 하느냐고 묻는다면 오산이다. 롤링 스톤즈는 하나의 기업을 경영하듯이 밴드를 운영했다. 그리고 경영의 초점은 철저하게 더 많은 돈을 버는 데에 맞춰져 있었다. 기업의 목적이 이윤 창출이라고 본다면, 롤링 스톤즈는 기업 마인드를 제대로 갖추고 있었던 셈이다.

이윤 추구의 핵심 전략은 변화와 혁신이었다. 롤링 스톤즈는 처음에 블루스*(blues)*와 로큰롤*(rock and roll)* 커버 밴드로 시작해 선배 뮤지션들의 노래를 리메이크했지만, 점차 자작곡 비중을 늘리며 자신들만의 하드록 스타일을 찾아갔다. 그러면서도 한때 록 음악과 대척점에 있던 디스코*(disco)* 장르의 노래를 발표하기도 했다. 록이라는 정체성을 유지하면서도 유행의 트렌드에 민감하고 민첩하게 움직이며 매출을 증대시킨 것이다.

노래 가사도 남들과 달랐다. 사랑 노래가 주류를 이루던 시절에 롤링 스톤즈는 사회 문제, 성적 자유, 청소년 반항 등 다양한 주제를 다루며 대중의 공감을 끌어냈다. 이는 훗날 록 음악이 '저항 음악'이라는 타이틀을 갖게 되는 데에도 영향을 줬다. 이를 통해 롤링 스톤즈는 카운터컬처*(counter-culture·반문화)*의 대표 아이콘으로 자리를 잡을 수 있었고, 인기 저변이 확대되면서 더 많은 돈을 벌 수 있었다.

롤링 스톤즈의 변화와 혁신을 말할 때 빼놓을 수 없는 것은 공연이다. 이들은 일찌감치 앨범 발매보다 콘서트 중심으로 사업 구조를 재편했고, 이러한 전략은 음반 판매량이 저조해지는 시대가 도래하자 빛을 발했다. 공연이 사업의 중심이 되면서 스타디움 규모의 콘서트를 위해 밴드 자체적으로 조명과 음향을 조달하는 시스템을 업계 처음으로 도입했으며, 불꽃놀이 같은 엔터테인먼트 요소를 활용해 록 콘서트를 스펙타클한 경험으로 승화시켰다. 오늘날 우리가 즐기는 대형 콘서트를 구성하는 요소 대부분은 롤링 스톤즈가 처음 시작한 것이라고 봐도 무방할 정도로 이들은 대중음악 공연의 새 지평을 열었다.

물론 변화와 혁신에 대한 의지만 갖고서는 롤링 스톤즈가 60년 넘게 지속되지 못했을 것이다. 롤링 스톤즈는 마치 대기업처럼 인사와 재무 측면에서도 놀라운 역량을 발휘했다. 적재적소에 멤버를 투입해 특정한 역할을 맡기는 것은 기본이었다. 밴드의 돈을 빼돌리는 매니저를 적발해 쫓아내고, 마약에 중독된 리더를 내쫓는 하극상도 마다하지 않을 정도로 인사에서 비롯되는 위기관리에도 적극적이었다.

또한, 밴드가 자금난에 시달리게 되자 절세를 위해 해외로

도피를 결정한 것에서도 볼 수 있듯이 롤링 스톤즈는 음악만큼이나 돈에 대해 남다른 감각을 보였다.

이렇게 철저한 경영 활동을 해 온 덕분에 롤링 스톤즈는 비틀즈 해체 이후 록의 제왕 자리에 올라선 후 단 한 번도 그 자리에서 내려오지 않았다. 본 조비(Bon Jovi), 메탈리카(Metallica), 너바나(Nirvana) 같은 밴드들이 인기를 끄는 와중에도 누구나 인정하는 근본이자 지존은 롤링 스톤즈였다는 사실에 이견을 제기할 사람은 없다.

이 책은 롤링 스톤즈가 단지 하나의 록 밴드를 넘어, 어떻게 록의 아이콘이자 글로벌 브랜드로 성장했는지를 조명한다. 은근한 끈기와 대담한 전략 사이에서 균형을 잡아 온 롤링 스톤즈의 선택 하나하나는 단순한 우연이 아니었다. 정교하게 설계된 콘서트부터 시대 흐름을 꿰뚫는 브랜드 마케팅까지, 그들은 늘 새로운 길을 개척하며 위기를 기회로 바꿨다.

고정관념에 얽매이지 않고 파격과 실험을 반복하며 자신들만의 길을 만든 롤링 스톤즈의 전략은 지금 이 순간에도 유효하다. 마케팅, 브랜딩, 인사, 재무, 위기관리에 이르기까지, 이 책에 담긴 롤링 스톤즈의 스토리는 기업 경영자들은 물론 스타트업 창업자들과 경영학을 공부하는 학생들에게도 많은 시사점을 줄 수 있을 것으로 기대한다.

워낙 부족한 아이디어로 출발한 원고가 한 권의 책으로 완성되기까지 도와준 출판사와 그동안 기다리며 응원해 주신 분들께 감사드린다.

2025년 7월
삼성동에서
피용익

1

스스로 미래를 창조하라

기회는
준비된 자에게
온다

: 비틀즈 해체를 기회로 만든 롤링 스톤즈

1970년 4월 9일, 해가 질 무렵. 영국 런던의 신문사 데일리 미러*(Daily Mirror)*의 기자들은 조간신문에 나갈 기사 작성을 마치고 퇴근 준비를 하고 있었다. 연예부 기자 돈 쇼트*(Don Short)*의 책상 위 전화기가 요란하게 울린 건 바로 이때였다. 퇴근 무렵 걸려 온 전화는 무척 중요한 제보라는 걸 쇼트 기자는 직감적으로 알 수 있었다.

"데일리 미러의 돈 쇼트 기자입니다. 무엇을 도와드릴까요?"
"폴이 그만둔대요, 돈."

떨리는 목소리로 전화를 건 사람은 비틀즈의 내부 사정을 잘 아는 쇼트 기자의 핵심 취재원이었다.

"폴이라니? 제대로 말해 봐요. 혹시, 폴 매카트니가 비틀즈를 그만둔다는 말인가요?"

"네, 확실한 겁니다. 다 끝났어요. 비틀즈가 해체된다고요."

그제야 쇼트 기자는 그날 오후 비틀즈 멤버 폴 매카트니(Paul McCartney)의 첫 솔로 앨범 ≪McCartney≫ 샘플 테이프와 함께 배달된 보도자료가 떠올랐다. 사실 그는 다른 대다수 기자와 마찬가지로 보도자료를 자세히 읽지 않았다. 솔로 앨범을 홍보하는 내용일 것이라고 막연하게 생각하고 덮어둔 것이다. 쇼트 기자는 수화기를 던지듯이 내려놓고 보도자료를 꼼꼼하게 읽었다. 보도자료 끝부분에는 셀프 인터뷰 형식의 질의응답(Q&A)이 담겨 있었다. 이 가운데 두 문장이 쇼트 기자의 눈에 꽂혔다.

Q: "비틀즈와 함께하는 새 앨범이나 싱글을 계획하고 있습니까?"
A: "아니요."

쇼트 기자는 보도자료에 이런 내용을 담은 폴 매카트니의 의도가 무엇인지 명확하게 알 수 있었다. 단순히 자신의 솔로 앨범을 홍보하기 위한 문답이 아니었다. 이것은 분명히 비틀즈를 탈퇴하겠다는 선언이었다.

존 레논(John Lennon)과 함께 비틀즈의 양대 축인 폴 매카트니의 탈퇴라니. 이것은 곧 비틀즈의 해체나 다름없었다. 보도자료를 읽지 않은 자신을 잠시 탓하기도 했지만, 아직 다른 신문사 기자들은 눈치채지 못한 특종이었다.

그래도 이런 대형 사건을 섣불리 보도할 수는 없었다. 팩트 체크를 해야만 했다. 쇼트 기자는 곧바로 또 다른 비틀즈 관계자에게 전화를 걸어 매카트니가 비틀즈를 탈퇴한다는 사실을 거듭 확인했다.

그리고 1970년 4월 10일 자 〈데일리 미러〉의 1면 헤드라인은 이렇게 나왔다.

PAUL IS QUITTING THE BEATLES *(폴이 비틀즈를 탈퇴한다)*

비틀즈는 자타가 공인하는 당대 최고의 밴드였다. 1950년대 미국에서 시작된 로큰롤의 시대가 저물고 1960년대 초부터 영국 록 밴드들의 미국 침공, 이른바 '브리티시 인베이전*(British Invasion)*'이 시작됐을 때 그 선봉에 섰던 밴드가 바로 비틀즈였다. 미국을 강타한 '비틀마니아*(Beatlemania)*' 현상은 "영국이 아메리카 식민지를 되찾았다."라는 평가마저 나오게 했을 정도로 대단했다. 오죽하면 존 레논은 "비틀즈는 예수보다 인기가 많다."라는 명언(또는 망언)을 남겼을까.

예수를 뛰어넘을 기세의 인기는 그냥 만들어지지 않았다. 비틀즈는 이 세상에 다시 없을 혁신적인 아티스트들의 집합체였다고 해도 과언이 아니다. 록 밴드라면 작사와 작곡을 직접 해야 한다는 불문율을 만든 것도 이들이고, 클럽이나 극장이 아닌 스타디움에서 콘서트를 처음 한 것도 이들이며, 히트곡 싱글 위주의 대중음악 시장에 앨범 중심의 작품을 내놓은 것 역시 이들이 최초였다. 최초의 게릴라 콘서트, 최초의 뮤직비디오, 최초의 백마스킹*(backmasking·노래를 역방향으로 재생하면 들리는 소리나 메시지를 삽입하는 녹음 기법)* 등 비틀즈가 한 모든 시도는 '코페르니쿠스적 전환'에 비견될 발자취들이었다. 전 세계 음악 팬들은 비틀즈에 열광했다.

그러나 영원히 세계를 지배할 것 같았던 비틀즈도 결국 사람과 사람의 집합체였다. 어느 조직이나 마찬가지로 비틀즈 내부에서도 갈등이 싹텄다. 사실 비틀즈는 1968년 ≪The White Album≫이라는 애칭으로 더 유명한 ≪The Beatles≫

를 녹음하면서 이미 불화가 절정에 달해 있었고, 마지막 앨범 (녹음 기준)인 ≪Abbey Road≫ 작업은 이미 해체를 기정사실화한 상태에서 이뤄졌다. 하지만 오랜 갈등과 불화 속에서도 계속해서 명반을 발표해 온 비틀즈였기에 이들이 당분간 함께할 것이란 기대가 있었던 것도 사실이다. 이런 상황에서 나온 폴 매카트니의 탈퇴 선언은 여간 충격이 아닐 수 없었다.

비틀즈는 네 명의 멤버가 한자리에 모여 공식적으로 해체 선언을 하는 이벤트 따위는 하지 않았다. 매카트니가 배포한 보도자료가 이를 대신한 셈이다. 그리고 실제로 비틀즈는 그것으로 끝이었다. 그해 5월 8일에 발표된 비틀즈의 마지막 앨범(발매 기준) ≪Let It Be≫는 앨범과 타이틀곡이 모두 〈빌보드*(Billboard)*〉 차트 1위를 차지하며 최고의 인기를 끌었지만, 이미 해체한 비틀즈는 어떠한 방송 출연이나 공연 활동도 하지 않았다. 오로지 라디오에 〈Let It Be〉가 쓸쓸하게 흘러나올 뿐이었다.

비틀즈의 해체는 단지 하나의 록 밴드가 사라진 것 이상의 사건이었다. 비행기 추락이나 정치인 암살 같은 대형 사건을 다루는 기사 제목에나 사용하는 볼드체로 신문 1면 머리기사 제목이 나간 것만 보더라도 그 당시 영국 사회가 받은 충격을 짐작할 수 있다.

1970년 4월 10일 자 <데일리 미러> 신문 1면.

이런 상황에서 표정 관리를 하고 있는 이들이 있었다. 비틀즈의 인기에 가려져 '만년 2등'에 머물고 있던 롤링 스톤즈였다.

롤링 스톤즈는 비틀즈와 함께 1960년대 영국 대중음악의 양대 산맥을 형성하던 밴드이다. 두 밴드는 라이벌 관계로 흔히 표현된다. 하지만 비틀즈와 롤링 스톤즈는 말이 좋아라이벌이지, 실제로는 현저한 격차가 있었다. 싱글 발표 기준으로 보면, 비틀즈는 1962년에, 롤링 스톤즈는 1963년에 각각 데뷔했다. 여기까지는 별반 차이가 없다. 그러나 롤링 스톤즈가 활동 초기에 변변한 히트곡을 배출하지 못한 것과 대조적으로, 비틀즈는 데뷔 직후부터 영국은 물론 미국에서도 음악 차트 1위를 석권하며 글로벌 팬덤을 형성했다.

1962년부터 1964년까지 비틀즈가 미국에서 기록한 넘버원 히트곡은 〈Love Me Do〉, 〈She Loves You〉, 〈I Want to Hold Your Hand〉, 〈Twist and Shout〉, 〈Can't Buy Me Love〉, 〈A Hard Day's Night〉, 〈I Feel Fine〉 등 일곱 개에 달한다. 이에 비해 이 기간 동안 롤링 스톤즈는 미국 시장에서 1위를 차지한 곡이 단 하나도 없었다.

롤링 스톤즈가 본격적인 인기를 끈 것은 1965년부터였다. 그해 6월 5일 미국에서 발표한 싱글 〈(I Can't Get No) Satisfaction〉이 〈빌보드 핫*(Hot)* 100(싱글 차트)〉 1위에 오르며 상업적으로 크게 성공한 것이 계기가 됐다. 이 밖에도 〈Get Off of My Cloud〉, 〈Paint It Black〉, 〈Ruby Tuesday〉, 〈Honky Tonk Women〉 등 넘버원 싱글이 1960년대 중반부터 후반까지 발표됐다.

그래도 롤링 스톤즈의 인기는 결코 비틀즈를 넘어서지 못했다. 롤링 스톤즈가 미국 시장에서 이름을 알리던 1965년부터 1970년까지 비틀즈가 배출한 넘버원 히트곡은 〈Yesterday〉, 〈Hey Jude〉, 〈Help!〉 등 불후의 명곡을 포함해 무려 열여섯 곡에 달한다. 한마디로 비틀즈는 '넘사벽' 같은 존재였다.

그러나 갑작스럽게 발표된 비틀즈의 해체를 계기로 롤링 스톤즈는 대중음악계에서 일약 '원 톱'으로 올라서게 된다. 온 세상을 충격에 빠뜨린 비틀즈의 해체가 영원한 이인자에게는 천우신조(天佑神助)가 된 것이나 다름없다.

비틀즈 해체 이후 17년이라는 세월이 지난 1987년 10월, 롤링 스톤즈의 보컬리스트 믹 재거*(Mick Jagger)*는 〈Q 매거진〉과의 인터뷰에서 "(비틀즈가 해체를 결정한 것은) 좋은 아이디어라고 생각했다."라고 회상했다. 그는 무심하게 말했지만, 피 한 방울 묻히지 않고 왕좌를 차지했던 흐뭇한 속마음은 숨길 수 없었다.

물론 롤링 스톤즈가 왕좌를 차지하기까지 아무런 노력도 하지 않은 것은 아니다. 해체 직전까지 갔던 위기를 극복하고 새로운 기회를 포착하기 위해 부지런히 움직인 것이 사실이다.

비틀즈가 해체하기 1년 전인 1969년만 해도 롤링 스톤즈 역시 붕괴 직전까지 내몰린 처지였다. 리더 역할을 하던 브라이언 존스(Brian Jones)가 마약 중독으로 인해 정상적인 음악 활동을 하지 못할 지경이 됐고, 결국 그해 6월 롤링 스톤즈의 다른 멤버들은 그를 해고하기에 이른다. 같은 해 12월에는 롤링 스톤즈가 미국 캘리포니아의 알타몬트에서 개최한 콘서트가 논란이 됐다. 콘서트에서 경비 업무를 맡은 바이커 갱 조직 헬스 엔젤스(Hell's Angels)가 흑인 관객을 살해하는 사건이 터진 것이다. 롤링 스톤즈는 애초 이 공연을 통해 앞서 8월 미국에서 열린 우드스톡 페스티벌(Woodstock Festival)의 열기를 이어 간다는 계획이었지만, 오히려 갱단을 경비 업체로 고용해 사고를 일으켰다는 비난만 받았다.

대중음악의 트렌드도 확 달라졌다. '브리티시 인베이전'을 이끌던 록 밴드들의 뒤를 이어 1968년 전후로 탄생한 헤비메탈(heavy metal) 밴드들이 인기 기반을 다지고 있었다. 블랙 사바스(Black Sabbath), 레드 제플린(Led Zeppelin), 딥 퍼플(Deep Purple) 등은 특히 젊은 노동 계층으로부터 열렬한 지지를 받으며 기존 록 음악 팬들을 빼앗아 갔다. 헤비메탈 외에도 록에서 파생된

다양한 장르가 탄생했다. 바야흐로 '록의 황금시대'가 펼쳐졌지만, 고참 밴드들은 신생 밴드들과 밥그릇을 나눠야 하는 셈이었다. 여러모로 기회보다 위기 요인이 많았던 시기였다.

롤링 스톤즈가 1970년 9월 14일 독일 함부르크에서 공연을 하고 있다.
왼쪽부터 믹 테일러, 믹 재거, 키스 리처즈, 찰리 와츠. ⓒalamy

이처럼 안팎의 도전적인 환경에서도 롤링 스톤즈는 비틀즈의 해체 소문이 돌던 수개월간 자신들의 미래를 준비해 왔다. 브라이언 존스의 뒤를 이어 멤버가 된 믹 테일러(*Mick Taylor*)가 밴드의 기존 멤버들과 훌륭한 호흡을 보여주고 있었고, 뒷주머니를 챙기던 매니저 앨런 클라인(*Allen Klein*)의 부정행위를 적발해 그를 해고했으며, 데카 레코드(*Decca Records*)와의 계약 종료를 계기로 자체 레이블인 롤링 스톤즈 레코드(*The Rolling*

*Stones Records)*를 설립해 신보 작업에 착수한 상태였다.

그리고 비틀즈의 해체가 공식화되자 롤링 스톤즈는 그동안 준비해 온 '미래'를 하나하나 '현재'로 만들어 나갔다. 비틀즈의 해체는 롤링 스톤즈 입장에서 행운이었지만, 그 행운을 거머쥐는 것은 롤링 스톤즈가 전열을 가다듬고 도약을 준비해 왔기 때문에 가능했다. 그 당시 기록을 살펴보면, 롤링 스톤즈는 절호의 기회를 잡기 위해 온 힘을 다했다는 것을 알 수 있다.

특히 롤링 스톤즈가 유럽 투어에 나선 것은 다분히 전략적이었다고 평가할 수 있다. 매년 하던 투어도 아니고 3년 만에 재개한 투어가 하필 비틀즈 해체 직후에 진행됐다는 점에서다. 1970년 8월 30일부터 10월 9일까지 18개 도시에서 개최한 〈European Tour 1970〉 23회 공연을 통해 롤링 스톤즈는 비틀즈가 없는 세상에서 최고의 록 밴드가 누구인지를 확실하게 각인시켰다.

그리고 이듬해인 1971년 4월 23일. 비틀즈의 해체가 공식화된 지 1년 남짓 됐을 무렵 롤링 스톤즈는 자체 레이블에서 제작한 첫 앨범이자 통산 아홉 번째 스튜디오 앨범인 ≪Sticky Fingers≫를 발매했다. 당대 최고의 팝아트 작가

앤디 워홀(Andy Warhol)의 작품을 커버 아트로 사용한 이 앨범은 발매 직후 영국과 미국 앨범 차트 1위에 올랐고, 수록곡 〈Brown Sugar〉는 〈빌보드 핫 100〉 차트 정상을 차지하며 롤링 스톤즈의 왕좌를 굳건히 했다.

시크릿 경영 노트

'현대 경영학의 아버지'로 불리는 피터 드러커(Peter Drucker)는 '미래를 예측하는 가장 좋은 방법은 미래를 창조하는 것'이라고 했다. 사실 이 말은 미국의 제16대 대통령 에이브러햄 링컨(Abraham Lincoln)도 했고, 컴퓨터 과학자 앨런 케이(Alan Kay)도 똑같은 말을 한 것으로 전해진다. 지금 어떤 준비를 하고 어떤 노력을 하느냐에 따라 우리의 미래가 달라질 수 있다는 메시지는 시대와 직업을 초월한 진리라고 볼 수 있다. 롤링 스톤즈도 이 진리를 알고 있었던 것이다.

비틀즈의 해체는 대중음악 산업에 충격적인 사건이었지만, 롤링 스톤즈는 이 위기를 자신들의 기회로 바꾸는 데 성공했다. 비틀즈의 공백을 정확히 인식하고 빠르게 리더십 자리를 차지하기 위해 준비해 왔기 때문이다.

어떤 이들은 롤링 스톤즈가 단지 운이 좋았다고 말한다. 비틀즈의 갑작스러운 해체로 인해 '이인자' 꼬리표를 떼어 낼 수 있었으니 말이다. 그러나 롤링 스톤즈가 앞서 닥쳤던 일련의 위기를 극복하고 미래를 준비하지 않았다면 비틀즈 해체라는 절호의 기회를 자신들의 것으로 활용하지 못했을 것이라는 점은 분명하다.

이 점은 오늘날의 기업 경영에서도 중요한 전략적 통찰을 제공한다. 시장 환경이 급변하고, 기술이나 규제의 변화로 인해 기존 강자가 무너지는 순간이 올 수 있다. 그러나 그 공백을 차지할 수 있는 기업은 '단순히 그 자리에 있었던 기업'이 아니라, '그 자리를 차지할 준비가 되어 있었던 기업'이다.

LG생활건강을 17년 연속 성장시킨 것으로 유명한 차석용 휴젤 회장은 평소 임직원들에게 이렇게 강조했다고 한다. '우리가 아무 일도 안 하면, 떡이 떨어져도 먹지 못한다.' 겉으로 보기엔 뜻밖의 행운처럼 보일지라도, 실제로 그 기회를 실현할 수 있게 만드는 것은 오랜 시간 쌓아온 준비와 내공이라는 뜻이다.

오리지널리티를 만들어라

: 패스트 팔로워에서 퍼스트 무버로 도약

1960년대 초 영국 대중음악계에 록 밴드 붐을 일으킨 비틀즈가 무(無)에서 유(有)를 창조한 것은 아니다. 애초에 미국의 로큰롤 음악이 영국으로 건너오지 않았더라면 비틀즈는 존재할 수 없었을 것이다.

심지어 비틀즈의 〈Revolution〉과 〈Come Together〉 등 몇몇 곡들은 표절 의혹을 받았을 정도로 다른 노래를 모방하기도 했다. 비틀즈 멤버들도 모방 사실을 굳이 숨기지 않았다. 존 레논은 '표절이 아니라 애정'이라고 주장했고, 폴 매카트니는 "다른 사람들이 우리 것을 집어 가는 것만큼 우리도 그렇게 한다."라고 당당하게 말했다.

일부 곡들에 대한 표절 논란에도 불구하고, 비틀즈가 지금의 신화적인 위치를 가질 수 있었던 것은 이들이 천재적인 음악성을 바탕으로 다양한 장르를 융합하고, 음악의 경계를 허무는 실험을 하며, 정형화된 작곡의 틀에서 벗어난 시도를 통해 비틀즈만의 '오리지널리티'를 만들어냈기 때문이다.

비틀즈는 미국 로큰롤과 영국 스키플*(skiffle)* 장르의 영향을 받았지만, 여기에 파격적인 코드 진행과 관현악 오케스트레이션 도입, 감미로운 코러스 삽입 등을 통해 기존 음악과는 전혀 다른 사운드를 만들어냈다.

비틀즈가 새로운 사운드를 창조할 수 있었던 멤버들이 직접 곡을 쓴 영향이 크다. 과거에는 전문 작곡가 그룹으로부터 곡을 받아 노래를 부르는, 이른바 '틴 팬 앨리*(Tin Pan Alley)*' 방식이 일반적이었다. 대중으로부터 인기를 끌 만한 비슷비슷한 노래가 나올 수밖에 없는 구조였다. 그러나 비틀즈는 이러한 관행을 거부하며 자작곡을 만들었다. 비틀즈 멤버들이 직접 만든 노래들은 틀에 박히지 않고 다채로웠다. 이들이 선보인 새로운 음악 스타일은 로큰롤 장르가 다양한 록 음악으로 세분화되는 데 기여했다.

비틀즈는 또한 최초의 스타디움 콘서트 개최, 최초의 게릴라 콘서트 개최, 최초의 뮤직비디오 제작, 최초의 콘셉트 앨범 발매, 최초의 시타르 사용, 최초의 백마스킹 도입 등 다양한 방면에서 대중음악 시장을 선도했다.

이처럼 대중음악계의 '퍼스트 무버*(first mover)*'였던 비틀즈의 인기는 '비틀마니아'라는 용어로 요약된다. 비틀마니아는 대중이 비틀즈에 열광하는 현상을 지칭하는 말로, 비틀즈 특종 기자로 유명했던 돈 쇼트 데일리 미러 기자가 만든 용어로 알려져 있다.

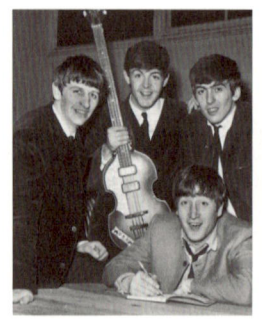
1962년 데뷔 초기의 비틀즈. ⓒalamy

1963년 데뷔 초기의 롤링 스톤즈. ⓒalamy

비틀마니아 현상은 실로 대단했다. 1964년 2월 9일 비틀즈가 미국 방문 당시 출연한 〈에드 설리번 쇼*(The Ed Sullivan Show)*〉의 시청률은 이례적으로 높은 45%, 시청자 수는 7,300만 명을 기록했다. 비틀즈가 미국을 방문한 9일 동안 미국인들은 비틀즈 음반 200만 장과 비틀즈 관련 굿즈 250만 달러어치를 구입했다. 비틀즈 밴드 로고나 멤버 사진이 들어간 모자, 티셔츠, 바지는 물론 비틀즈 잠옷과 과자까지도 불티나게 팔렸다. 특히 남성 팬들은 비틀즈 멤버들의 헤어스타일과 패션을 따라 했다. 비틀즈가 전통적인 미국 남성 패션을 바꿔 놓은 게 바로 이때였다는 얘기도 있다.

비틀즈를 따라 한 것은 팬들만이 아니었다. 비틀즈의 미국 시장 진출을 바라보던 영국 밴드들은 너나 할 것 없이 비틀즈를 모방하기 시작했다. '몹 톱(mop top)'이라고 부르는 동그란 헤어스타일은 기본이었다. 슬림핏 정장을 입고 첼시 부츠를 신은 수많은 '패스트 팔로워(fast follower)' 밴드들이 등장했다.

영국의 경제학자 월터 바조트(Walter Bagehot)는 '눈앞에 있는 것을 모방하려는 것은 인성의 가장 강한 부분 중 하나'라고 말했다. 시장에 먼저 진입해 성공한 기업을 후발 업체들이 모방하는 것처럼 비틀마니아 현상을 일으킨 비틀즈를 모방한 밴드들이 우후죽순 생겨난 것은 어쩌면 당연한 일이었다.

롤링 스톤즈도 그중 하나였다. 애초에 롤링 스톤즈가 비틀즈를 따라 결성한 밴드도 아니고 음악 스타일도 차이가 있었지만, 활동 초기에는 가장 인기 있는 밴드인 비틀즈의 스타일을 모방하는 전략을 취했다.

그러나 비틀즈의 이미지를 따라 하는 전략은 쉽게 먹혀들지 않았다. 오늘날 매일매일 새로 탄생하는 K팝 걸그룹이나 보이그룹을 생각해 보면 이해가 된다. 아무리 실력이 좋아도 스타일이 비슷하면 후발 주자는 눈에 띄기 쉽지 않은 법이다. 눈에 띄려면 뭔가 달라야만 한다.

한국 걸그룹 뉴진스(NewJeans)의 사례를 보자. 뉴진스가 2022년 7월 데뷔하자마자 월드 스타로 발돋움한 데에는 기존 K팝 걸그룹의 섹시한 군무와 파워풀한 음악을 따라가지 않고, 자유로워 보이는 안무와 이지 리스닝(easy listening) 스타일의 음악으로 차별화를 꾀했다는 점이 크게 작용했다.

뉴진스의 사례는 일본 게임 업체 닌텐도(Nintendo)의 3대 사장을 지낸 야마우치 히로시(山内溥)의 "오락은 모방으로는 안 된다."라는 유명한 말을 떠오르게 한다. 생활필수품의 경우 이른바 '니방센지(二番煎じ·재탕)' 제품이라고 하더라도 가격만 저렴하다면 팔리지만, 재미로 승부해야 하는 엔터테인먼트 시장에서는 새롭고 참신한 것, 즉 오리지널리티가 있어야 한다는 점을 강조한 말이다.

야마우치는 엔터테인먼트 업계를 예로 들었지만, 모방 전략이 갖는 한계는 다른 업계에서도 마찬가지이다.

마케팅 전문가 세스 고딘(Seth Godin)은 "혼잡한 시장에서 남과 똑같이 하는 것은 실패를 의미한다. 분주한 시장에서 눈에 띄지 않는 것은 존재하지 않는 것과 같다."라고 말했다. 경쟁이 치열한 시장에서 차별화되지 않으면 성공할 수 없다는 뜻이다.

롤링 스톤즈도 마찬가지였다. 비틀즈와 제대로 경쟁하기 위해서는 차별화 전략으로 선회할 필요가 있었다. 비틀즈를 따라 하며 대중의 인기를 구걸할 것이 아니라, 록 음악계에서 유일무이한 존재가 됨으로써 새로운 팬들을 끌어들이는 전략이 필요했다.

앤드루 루그 올덤. ⓒalamy

롤링 스톤즈가 자신들만의 스타일을 본격적으로 추구하기 시작한 것은 1963년 5월 앤드루 루그 올덤*(Andrew Loog Oldham)*을 매니저로 영입하면서부터다. 올덤은 매니저 일을 맡자마자 롤링 스톤즈 멤버들의 이미지를 바꿔 놓는 일에 착수했다. 비틀즈 따라 하기로는 대중의 주목을 받을 수 없다고 판단한 그는 '엄친아' 비틀즈에 대항해 '악동' 롤링 스톤즈를 만들기로 마음먹었다.

일단 롤링 스톤즈 멤버들의 스타일부터 뜯어고쳤다. 동그랗게 정돈된 몹 톱 헤어스타일을 헝클어뜨리는 것에서 더 나아가 아예 장발을 하도록 했다. 단정한 정장 대신 미스매치 의상을 입히고, 정장을 입더라도 마치 고등학생이 교복을 입은 듯 반항적인 모습으로 연출했다.

이러한 롤링 스톤즈의 비주얼에 청소년들은 열광했고, 부모들은 경악했다. 그럴수록 롤링 스톤즈는 신이 났다. 영국 음악 잡지 〈멜로디 메이커*(Melody Maker)*〉에 실린 '당신의 딸이 롤링 스톤즈 멤버와 결혼하도록 내버려두시겠습니까*(Would you let your daughter marry a Rolling Stone?)*?'라는 도발적인 질문은 사실 올덤이 롤링 스톤즈의 이미지 메이킹을 위해 만든 홍보 문구였다.

차별화 전략을 사용한 것은 외모뿐이 아니었다. 비틀즈가 듣기 좋은 멜로디와 화음에 집중한 것과 달리 롤링 스톤즈의 음악은 거칠고 흐느적거리는 분위기를 자아냈다. 가사 또한 전혀 달랐다. 비틀즈가 좋아하는 여자의 손을 잡고 싶어 하는 순수하고 예쁜 사랑 노래(*<I Want to Hold Your Hand>*)를 불렀다면, 롤링 스톤즈는 섹스를 하고 싶은 욕망을 숨김없이 소리쳤다(*<I Just Want To Make Love To You>*).

롤링 스톤즈는 이렇게 자유롭고 퇴폐적인 악동 이미지를 철저하게 구축해 나갔다. 그리고 이를 바탕으로 세계 최대의 대중음악 시장인 미국을 공략하기로 했다.

롤링 스톤즈가 주요 활동 무대로 삼은 미국은 청교도 신앙에 기반을 둔 건국 이념을 갖고 탄생한 국가이다. 청교도는 금욕주의 성향을 갖고 있다. 실제로 1960년대 중반까지만 해도 미국 사회에는 성욕을 금기시하는 분위기가 존재했다. 미국인들이 성적으로 개방된 것은 '금지하는 것을 금지한다(*It's Forbidden to Forbid*)'라는 구호로 유명한 '68운동(*Protests of 1968*)' 이후부터라고 보는 게 타당하다. 롤링 스톤즈가 미국에 처음 발을 들여놓았던 1964년에는 이들의 외설적인 퇴폐미가 세간에 논란이 되기에 충분했다.

롤링 스톤즈는 이 점을 노렸다. 그리고 전략은 적중했다.

논란은 곧 관심으로 바뀌었다. 어느 순간부터 언론은 비틀즈와 롤링 스톤즈를 비교하느라 바빴다.

1964년 아일랜드를 방문 중인 롤링 스톤즈 멤버들에게 한 기자가 "당신들이 비틀즈보다 낫다고 생각하느냐."라고 묻자 믹 재거는 이렇게 답했다.

"둘은 서로 다른 밴드예요. 우리는 우리가 하고 싶은 것을 하고, 그들은 그들이 하고 싶은 것을 하지요. 둘을 비교하는 건 의미가 없습니다. 당신은 그들보다 우리를 좋아할 수도 있고, 우리보다 그들을 좋아할 수도 있는 거죠."

얼마 전까지만 해도 비틀즈와 '비슷한' 여러 밴드 중 하나였던 롤링 스톤즈는 이제 단숨에 비틀즈와 '비교되는' 유일한 밴드가 된 것이다. 팬층도 두터워졌다. 반항기에 있는 청소년 상당수가 비틀즈에서 롤링 스톤즈로 갈아탔다.

1966년 9월 23일, 롤링 스톤즈가 영국 투어 중 로열 앨버트 홀에서 포즈를 취하고 있다.
왼쪽부터 빌 와이먼, 키스 리처즈, 브라이언 존스, 찰리 와츠, 믹 재거. ⓒalamy

날로 높아지는 인기에 재미가 들리고 자신감이 붙은 롤링 스톤즈는 점점 파격적인 이미지를 선보였다. 특히 1966년 발표한 네 번째 스튜디오 앨범 ≪Aftermath≫에서는 롤링 스톤즈 멤버들이 마음껏 기량을 뽐냈다. 그전까지는 롤링 스톤즈 음악의 뿌리라고 할 수 있는 시카고 블루스*(Chicago blues)*와 리듬 앤드 블루스*(R&B)* 명곡을 커버한 노래 상당수가 앨범에 수록됐고, 심지어 라이벌인 비틀즈의 존 레논과 폴 매카트니가 만들어 준 곡을 싣기도 했다. 그러나 ≪Aftermath≫는 믹 재거와 키스 리처즈*(Keith Richards)* 콤비가 만든 곡으로만 오롯이 채워진 첫 작품이다. 유명한 노래를 불러야 주목을 받을 수 있다는 생각에서 벗어나, 자신들만의 색깔로 승부할 수 있다고 판단한 것이다.

 음악적으로 ≪Aftermath≫는 롤링 스톤즈가 음악 스타일을 정립하기 시작한 작품으로 평가받는다. 재거와 리처즈가 전곡을 만든 것 외에도 기타리스트인 브라이언 존스는 시타르, 마림바, 고토 등으로 악기를 확장하며 다양한 시도에 나섰다. 이 앨범은 무엇보다 비틀즈에 앞서 하드록*(hard rock)* 사운드를 본격적으로 들려준다는 점에서 단지 차별화를 넘어 새로운 시장을 개척한 측면도 있다.

 가사 또한 롤링 스톤즈 특유의 퇴폐적인 색깔을 잘 드러냈다. 대표적인 곡이 〈Under My Thumb〉이다. 이 노래의 가사는 기가 센 여자를 마침내 굴복시키는 데 성공한 남자를 축하하는 내용이다. 심지어 여자를 '애완동물*(pet)*', '샴 고양이*(Siamese cat)*', '초조한 개*(squirming dog)*'에 비유하기도 했다. 여성 인권에 대한 인식이 지금보다 훨씬 낮았던 1960년대에도 논란이 되기 충분한 가사였다. 그러나 이런 노래들이 논란이 될수록 롤링 스톤즈의 인기는 높아져만 갔다. ≪Aftermath≫는 영국 차트에서 1위, 미국 차트에서 2위에 각각 올랐다.

시크릿 경영 노트

록 음악의 역사에서 비틀즈는 흔히 '퍼스트 무버'로 평가받는다. 그들은 1960년대 대중음악의 패러다임을 뒤흔들며 새로운 시장을 창조했고, 수많은 후발 주자들에게 강력한 영향을 미쳤다. 롤링 스톤즈 역시 그 흐름 속에서 등장했다. 만약 그들이 단순히 비틀즈를 따라하는 '패스트 팔로워' 전략에 머물렀다면, 데뷔 이후 60년이 넘는 긴 시간 동안 세계적 브랜드로 살아남을 수 있었을까?

결론부터 말하면, 불가능했을 것이다. 비틀즈를 모방한 수많은 밴드는 등장과 함께 대중의 주목을 받았지만, 대부분은 이내 시장에서 퇴장했다. 소비자들은 '또 하나의 비틀즈'보다는, '전혀 다른 무언가'를 원했다. 이런 상황에서 롤링 스톤즈는 남들과는 다른 전략적 길을 택했다. 바로 자신들만의 오리지널리티를 구축하는 차별화 전략이었다. 이 차별화 전략은 결과적으로 '롤링 스톤즈'라는 전무후무한 장수 브랜드의 기초가 되었고, 그들을 단순한 밴드를 넘어 하나의 문화적 아이콘으로 자리매김하게 했다.

경영 전략 분야의 대가인 마이클 포터(Michael E. Porter) 하버드 경영대학원(Harvard Business School) 교수는 시장에서 지속 가능한 경쟁 우위를 확보하기 위한 세 가지 기본 전략으로 ▲원가 우위 전략(Cost Leadership Strategy) ▲차별화 전략(Differentiation Strategy) ▲집중화 전략(Focus Strategy)을 제시한 바 있다. 이 가운데 포터는 차별화 전략의 핵심을 이렇게 정의한다. '전략의 본질은 경쟁자와 명확히 구별되는 고유한 포지션을 확보하는 것이다.'

이처럼 롤링 스톤즈의 성공은 단순한 음악적 실력을 넘어선 전략적 경영의 결과였다. 모방에서 벗어나 차별화된 가치를 창출하고, 명확한 타깃 설정과 브랜드 구축, 그리고 논란을 활용한 마케팅까지 다양한 측면에서 비즈니스 교훈을 제공하고 있다.

경쟁 패러다임을
바꿔라

: 콘서트를 비즈니스로 만든 기상천외한 아이디어

롤링 스톤즈는 '엄친아' 비틀즈와 다른 차별화 전략을 위해 '악동' 이미지를 구축했다. 비틀즈가 감미로운 멜로디를 만들 때 롤링 스톤즈는 자유분방하고 에너지 넘치는 사운드로 맞섰다. 비틀즈가 단정한 정장 차림으로 무대에서 밝은 표정으로 노래할 때 롤링 스톤즈는 불량해 보이는 옷차림으로 무대를 뛰어다녔다. 이를 통해 경쟁이 치열했던 1960년대 록 음악계에서 롤링 스톤즈는 그들만의 오리지널리티를 확립했다.

여기에서 그치지 않았다. 롤링 스톤즈는 더 나아가 록 스타가 대중에게 어떻게 보여야 하는지를 고민했고, 또한 실천했다. '헝클어진 긴 머리카락, 단정하지 못한 옷차림, 술과 담배, 그리고 섹스.' 오늘날 록 음악을 하는 뮤지션들의 전형적인 불량하고 퇴폐적인 이미지는 롤링 스톤즈에 의해 만들어졌다. 한때 비틀즈의 패스트 팔로워였던 롤링 스톤즈는 비틀즈와 차별화된 이미지를 정립해 나가면서 자신들만의 오리지널리티를 갖춘 퍼스트 무버가 것이다.

노벨 문학상에 빛나는 미국 싱어송라이터 밥 딜런(Bob Dylan)은 '롤링 스톤즈는 진정한 가장 위대한 로큰롤 밴드로 최후에 영원히 남을 것'이라며 "메탈, 랩, 펑크, 뉴 웨이브, 팝 록, 어떤 것에서든 당신은 모두 롤링 스톤즈의 영향력을 찾을 수 있다. 그들이 처음이자 마지막이며, 아무도 그들을 뛰어넘을 수 없을 것이다."라고 말한 바 있다.

무엇보다 롤링 스톤즈는 록 사운드, 즉 록 음악이 어떤 소리를 내야 하는지를 정의했다. 키스 리처즈의 블루지하면서도 헤비한 기타 사운드는 믹 재거의 반항적인 보컬과 찰리 와츠(Charlie Watts)의 강력한 드러밍과 결합해 록의 스타일을 완성했다. 이들이 남긴 〈(I Can't Get No) Satisfaction〉, 〈Jumping' Jack Flash〉, 〈Gimme Shelter〉 등 명곡들은 수십 년이 지난 지금까지도 전 세계 음악 팬들의 사랑을 받고 있고, 수많은 후대 뮤지션들에 의해 커버 곡으로 재탄생하고 있다. 세계에서 가장 위대한 밴드로 비틀즈를 꼽는 경우가 많지만, 대중음악 전체가 아닌 록 음악만으로 한정한다면 롤링 스톤즈가 후대에 미친 영향력은 독보적이고 절대적이다.

그러나 1970년대에 들어서면서 롤링 스톤즈의 입지는 점점 위협을 받게 됐다. 수많은 밴드와 뮤지션들이 자신들만의 독특한 스타일과 사운드를 만들어냈고, 이는 다양한 장르의 탄생으로 이어졌다. 지미 헨드릭스_(Jimi Hendrix)_가 주도한 사이키델릭 록_(psychedelic rock)_, 밥 딜런이 탐닉한 루츠 록_(roots rock)_, 데이비드 보위_(David Bowie)_를 필두로 한 글램 록_(glam rock)_ 등은 일부에 불과하다. 록 음악의 극단을 추구하는 헤비메탈 밴드들이 전성기를 향해 달려가고 있기도 했다. 이렇게 록 음악은 셀 수 없이 많은 장르로 파생되면서 거대한 산업으로 성장했다.

또한, 롤링 스톤즈를 따라 악동 이미지를 추구하는 또 다른 패스트 팔로워들이 생겨났고, 무시무시한 연주력으로 팬들을 사로잡는 밴드들이 나타났으며, 잘생긴 얼굴과 멋진 몸매를 내세운 비주얼형 아티스트들도 등장했다.

이런 상황에서 롤링 스톤즈가 정상의 자리를 유지하기 위해서는 제자리에 머물러 있을 수 없었다. 그렇다고 애써 만들어 놓은 악동 이미지를 버릴 수도 없었고, 밴드의 근본인 블루스를 기반으로 한 록 사운드를 바꿀 수도 없었다.

진퇴양난(進退兩難)과도 같은 상황에서 롤링 스톤즈는 아예 경쟁의 틀 자체를 바꾸기로 했다. 대중음악 시장의 '패러다임 시프트(paradigm shift)'에 나선 것이다.

패러다임 시프트란 1962년 미국의 과학철학자 토머스 쿤(Thomas Kuhn)의 저서 『과학혁명의 구조(The Structure of Scientific Revolutions)』에 처음 등장한 말이다. 새로운 개념과 이론은 축적에 따른 점진적 진보가 아닌 새로운 패러다임의 등장을 통한 혁명을 통해 발전한다는 이론이다.

오늘날 패러다임 시프트는 기업 경영 전략을 설명하는 용어로 확장됐다. 새로운 패러다임을 통해 기존의 문제를 새로운 방식으로 해결하고, 그동안 해결할 수 없었던 문제들에 대한 새로운 접근법을 가능하게 만든다는 것이다. 실제로 많은 기업이 치열한 경쟁 속에서 패러다임을 전환해 돌파구를 마련했다.

애플(Apple)은 2007년 터치스크린 인터페이스와 애플리케이션 스토어를 탑재한 스마트폰 아이폰(iPhone)을 출시하며 휴대전화 시장의 패러다임을 통째로 바꿔 놓았다. 아이폰은 엄밀한 기준으로 최초의 스마트폰은 아니었지만, 스마트폰의 표준을 새롭게 정의했고 휴대전화의 개념을 통신 기기에서 모바일 컴퓨터로 전환했다. 이러한 패러다임 시프트를 통해 애플은 스마트폰 시장을 선점하면서 글로벌 기술 기업으로서의 입지를 다질 수 있었다.

애플이 아이폰으로 휴대전화 시장의 패러다임을 전환했다면 삼성전자는 폴더블 폰으로 스마트폰 시장의 패러다임 시프트에 나섰다. 삼성전자가 2019년에 첫 출시한 갤럭시 폴드(Galaxy Fold)는 '미래를 펼치다(Future Unfolds)'라는 슬로건을 내세우며 세계 최초로 폴더블 폰 시대를 열었다. 이후 매년 Z폴드와 Z플립 시리즈 신제품을 내놓으며 시장 주도권을 확고히 했다.

패러다임 시프트 사례는 이 밖에도 수없이 많다. 스타벅스(Starbucks)는 단순히 고객에게 '커피를 판매'하는 곳에서 벗어나 고객에게 커피를 소비하는 '경험을 제공'하는 공간으로 확장했다. 넷플릭스(Netflix)는 스트리밍 서비스를 도입하며 엔터테인먼트 소비 방식을 근본적으로 변화시켰다. 테슬라(Tesla)는 전기차의 성능을 내연 기관차와 맞먹는 수준으로 끌어올려 새로운 시장을 형성했다.

롤링 스톤즈는 어땠을까. 이들의 첫 번째 패러다임 시프트는 1971년 데카 레코드와의 계약을 종료하고 자체 레이블인 롤링 스톤스 레코드를 설립한 사례를 꼽을 수 있다. 대형 레코드 회사의 통제에서 벗어나면서 자신들의 브랜드 가치를 극대화하는 방향으로 사업 모델을 전환한 것이다. 이러한 전략은 1971년 발매된 앨범 ≪Sticky Fingers≫로 첫 성과를 거뒀다. 이 앨범은 롤링 스톤스가 음악적 독립성과 상업적 성공을 동시에 이루는 계기가 됐다.

롤링 스톤스의 자체 레이블 설립은 대중음악 산업 전반에 큰 영향을 미쳤다. 이후 많은 아티스트들이 직접 레이블을 설립하게 됐고, 더 자유롭고 창의적인 음악을 만들 수 있는 토대가 마련됐다. 1970년대 펑크 록*(punk rock)* 부흥의 기반이 된 인디펜던트 레이블*(independent label)* 문화도 큰 흐름에서 보면 롤링 스톤스의 유산이라고 할 수 있다.

롤링 스톤스의 가장 중요한 패러다임 시프트는 라이브 공연의 개념을 통째로 바꿔 놓은 것이다. 원래 콘서트는 기본적으로 음반 홍보를 위한 행사였다. 그러나 롤링 스톤스는 콘서트를 그 이상의 영역으로 끌어올렸다.

1981년 9월 25일, 롤링 스톤즈가 미국 필라델피아 JFK 스타디움에서 공연을 하고 있다. ⓒalamy

롤링 스톤즈가 공연장에서 선보인 것은 '노래'가 아닌 '경험'이었다. 더 좋은 음향 장비와 조명 장비를 도입한 것은 물론이고, 믹 재거는 무대를 뛰어다니며 관객의 호응을 유도하거나 춤을 추고 악기를 부수는 등의 스테이지 매너를 보여줬다. 이른바 '관객 조련'을 시작한 것도 롤링 스톤즈가 처음이었다. 콘서트에서 연출된 믹 재거와 키스 리처즈의 완벽한 콤비는 훗날 레드 제플린의 로버트 플랜트(Robert Plant)와 지미 페이지(Jimmy Page), 에어로스미스(Aerosmith)의 스티븐 타일러(Steven Tyler)와 조 페리(Joe Perry), 건즈 앤 로지스(Guns N' Roses)의 액슬 로즈(Axl Rose)와 슬래시(Slash) 등 수많은 보컬-기타 듀오의 이미지로 이어졌다. 1980년대 최정상의 인기를 끌던 미국 글램 메탈 밴드 본 조비의 보컬리스트 존 본 조비(Jon Bon Jovi)가 말한 것처럼, 롤링 스톤즈는 '밴드의 기준'을 만들었다. 점점 더 많은 사람들이 롤링 스톤즈의 공연을 보기 위해 몰려들었다.

롤링 스톤즈가 바꾼 콘서트의 패러다임은 1980년대 말에 이르러 완성됐다. 롤링 스톤즈는 1989년 〈Steel Wheels Tour〉를 북미와 유럽, 일본 등에서 대대적으로 진행하면서 59회 공연을 통해 300만 명 이상의 관객을 동원했다. 특히 이 투어는 음악 공연 역사상 처음으로 기업 스폰서를 유치하고 머천다이즈를 판매해 수익을 극대화한 것으로도 유명하다. 〈Steel Wheels Tour〉로 롤링 스톤즈가 벌어들인 금액은 1억 달러가 넘는다. 라이브 투어가 독립적인 수익 창출 모델이 될 수 있다는 것을 보여준 첫 사례로 꼽힌다. 공연이 음반 홍보에 그치지 않고, 공연 그 자체로도 돈을 벌 수 있다는 걸 증명한 것이다. 이는 대중음악 산업의 구조를 완전히 변화시키는 대전환이었다고 볼 수 있다.

시장의 패러다임 전환 시기에 재빠르게 대응한 사례도 있다. 2000년대 초반부터 음악을 듣는 방식은 콤팩트디스크(CD) 같은 물리적 매체에서 MP3 등 디지털 음원으로, 2010년대에는 스포티파이(Spotify)와 같은 스트리밍 서비스로 급격하게 옮겨 갔다. 롤링 스톤즈는 과거의 명곡들과 신작들을 스트리밍 서비스에서 쉽게 접근할 수 있도록 배포하면서 디지털 소비자들을 빠르게 확보했다. 메탈리카 등 일부 아티스트들이 디지털 전환에 거부감을 나타내며 음원을 제공하지 않았던 것과는 대조적인 행보였다.

시크릿 경영 노트

21세기 경영 환경은 과거 그 어느 때보다 빠르게 변화하고 있다. 기술 혁신, 소비자 행동의 변화, 글로벌 공급망의 재편 등 다양한 요인이 기업의 기존 전략을 무력화시키고 있다. 이러한 시대적 전환점에서 기업이 지속적인 경쟁 우위를 확보하기 위해서는 단순한 개선이나 효율화 수준을 넘어서는 근본적인 사고방식의 전환, 즉 패러다임 시프트가 필수적이다.

패러다임 시프트란 기존의 비즈니스 모델, 전략, 운영 방식을 전면적으로 재검토하고, 새로운 환경에 맞춰 그 틀 자체를 변화시키는 전략적 사고를 말한다. 이는 단순히 새로운 기술을 도입하거나 유행을 좇는 것을 의미하지 않는다. 오히려 성공의 관성을 경계하고, 새로운 가능성을 주도적으로 탐색하는 조직적 역량을 뜻한다. 경영 전문가들은 이 과정에서 가장 중요한 요소로 변화와 혁신에 대한 개방성을 강조한다. 과거의 성공 공식에 안주하지 않고, 끊임없이 시장의 신호를 읽고 이에 유연하게 대응할 수 있는 태도가 중요하다는 것이다.

이러한 관점에서 볼 때, 롤링 스톤즈의 사례는 경영 전략의 관점에서도 매우 흥미롭고 유의미하다. 롤링 스톤즈는 단순한 음악 그룹을 넘어 수십 년 동안 대중문화와 음악 산업을 이끈 하나의 기업이자 브랜드로 기능해 왔다. 그들은 변화하는 시장과 청중의 기대에 맞춰 끊임없이 자신의 위치를 재정의하고, 사업 모델을 혁신함으로써 시대를 초월한 성공을 이뤄 냈다.

가장 주목할 만한 전략 중 하나는 수익 모델 전환이다. 이들은 전통적인 음반 매출 중심의 수익 구조가 한계에 다다르자, 일찌감치 음반 유통의 패러다임을 재구성하고, 직접 수익을 창출할 수 있는 구조로의 전환을 단행했다. 라이브 투어를 단순한 공연이 아닌, 하나의 '글로벌 이벤트 비즈니스'로 확장한 전략은 오늘날 수많은 아티스트와 기업이 벤치마킹하고 있는 성공 모델이 되었다.

또한, 롤링 스톤즈는 시대와 청중의 변화를 민감하게 감지하고, 그에 맞춰 음악적 스타일과 콘텐츠, 마케팅 전략을 유연하게 조정해 왔다. 이처럼 그들은 음악 산업의 규칙이 바뀔 때마다 스스로를 재구성하며 시장의 판도를 주도해 왔다. 그 결과, 60년이 넘는 세월 동안 전 세계 음악 팬들과 문화 산업 전반에 강력한 영향력을 행사하는 브랜드로 자리매김할 수 있었다.

이 사례는 오늘날 기업이 직면한 경영 전략적 도전에 대해 중요한 통찰을 제공한다. 변화에 대한 두려움을 극복하고, 스스로의 프레임을 재구성할 수 있는 조직만이 지속 가능한 성장을 이룰 수 있다는 것이다. 기업은 끊임없이 '우리의 비즈니스 모델은 유효한가?', '시장의 규칙이 바뀌었는가?'라는 질문을 던져야 하며, 필요하다면 과감하게 기존의 방식을 포기하고 새로운 방향으로 나아갈 준비가 되어 있어야 한다. 그것이 바로 미래를 준비하는 조직의 조건이며, 지속 가능한 경쟁 우위의 출발점이다.

2

독보적인
브랜드를
만들어라

소비자는 디자인을 보고 선택한다

: 앨범 커버 아트를 앤디 워홀에게 맡긴 이유

1993년 6월 4일, 후쿠다 다미오*(福田民郎)* 삼성전자 고문은 이건희 삼성그룹 회장에게 「경영과 디자인」이라는 제목의 보고서를 제출했다. 재계에서 「후쿠다 보고서」로 더 잘 알려진 이 문건에는 당시 일류 기업이던 일본 소니*(Sony)* 와 파나소닉*(Panasonic)* 의 디자인을 베끼기에 급급한 '이류 기업 삼성'의 행태를 지적하는 신랄한 내용이 담겼다. 이 회장은 독일 프랑크푸르트로 가는 비행기 안에서 이 보고서를 읽고 큰 깨달음을 얻었다. 그리고 사흘 뒤 켐핀스키 호텔*(Kempinski Hotel)* 에서 '신경영 선언'을 했다. "마누라와 자식 빼고 다 바꾸라."라는 말로 유명한 이 선언은 사실 삼성의 이류 디자인을 반성하는 것에서 출발한 것이다.

이후 삼성전자는 디자인 개선에 주력했다. 1996년 '사용자에서 출발하여 내일을 담아내는 디자인'이라는 디자인 철학을 발표한 데 이어 2001년 최고 경영자(CEO) 직속 디자인 경영 센터를 독립적으로 운영했다.

그러나 이건희 회장은 여기에 만족하지 않았다. 그는 2005년 4월 14일 이탈리아 밀라노에서 그룹 주요 사장단이 참석한 가운데 열린 디자인 전략 회의에서 "상품 진열대에서 특정 제품이 소비자의 마음을 사로잡는 시간은 평균 0.6초다. 이처럼 짧은 시간에 고객의 발길을 붙잡지 못하면 마케팅 싸움에서 결코 승리할 수 없다."라며 디자인 전략을 강화할 것을 거듭 주문했다. 오늘날 세련되고 혁신적인 디자인을 뽐내는 삼성전자 제품이 세상에 나오기까지는 이처럼 디자인의 중요성을 일찌감치 파악한 경영자의 혜안이 있었다.

상품 진열대에서 특정 제품이 소비자의 마음을 사로잡는 시간이 평균 0.6초라는 이건희 회장의 언급은 레코드 가게에 진열돼 있는 수백, 수천 장의 음반에도 적용된다. 오늘날 '명반'으로 꼽히는 음반 중 상당수는 커버 디자인이 한몫했다고 해도 과언이 아니다. 일단 보기에 좋아야 눈이 가고 손이 가니까 말이다. 그러나 과거 대부분의 아티스트들은 이를 간과

했다. 앨범 커버는 스크래치에 취약한 레코드판을 보호하기 위해 만든 '포장지'라는 인식을 버리지 못한 탓이다.

앨범 커버에 '디자인' 개념이 처음 생긴 것은 1938년 컬럼비아 레코드_(Columbia Records)_가 그래픽 디자이너 알렉스 스타인와이스_(Alex Steinweiss)_를 고용하면서부터다. 기존에는 주로 고전 명화가 앨범 커버로 사용됐지만, 스타인와이스는 앨범 콘셉트에 맞는 세련된 디자인을 입혀 눈길을 끌었다. 그러나 모든 음반사가 앨범 커버에 디자인을 도입하지는 않았고, 이때까지만 해도 소비자들은 스타인와이스가 만든 앨범 커버는 단지 '예쁜 포장지'라고 인식했다.

앨범 커버 디자인을 예술의 경지로 끌어올린 것은 비틀즈였다. 1964년 앨범 ≪A Hard Day's Night≫에서 영화 필름 스틸을 늘어놓은 듯한 사진을 앨범 커버로 사용한 것은 당시로서는 획기적인 시도였다. 비틀즈는 이후에도 ≪Rubber Soul≫, ≪Revolver≫, ≪Sgt. Pepper's Lonely Hearts Club Band≫ 등의 앨범에서 디자인에 유난히 신경을 쓴 커버 아트를 지속적으로 선보였다.

롤링 스톤스는 비틀즈와 더불어 앨범 커버 아트 디자인의 중요성을 일찍 깨달은 몇 안 되는 밴드였다. 비틀즈 앨범 ≪Sgt.

Pepper's Lonely Hearts Club Band≫의 영향이 강하게 느껴지는 1967년 작 ≪Their Satanic Majesties Request≫부터 롤링 스톤즈는 커버 아트에 디자인 요소를 도입하기 시작했다. 이후 롤링 스톤즈가 발표한 몇몇 앨범들은 커버 아트가 주목받거나 논란거리가 되면서 음반 판매량 증대로 이어지곤 했다.

비틀즈와 롤링 스톤즈같이 앨범 커버 디자인에 심혈을 기울인 밴드들이 존재하지 않았다면, 1970년대에 앨범 커버 아트 디자인을 전문적으로 제작하던 힙노시스*(Hipgnosis)* 같은 디자인 그룹은 탄생하지 못했을 것이다.

롤링 스톤즈의 1971년 앨범 ≪Sticky Fingers≫

롤링 스톤즈의 디자인 경영은 자체 레이블 롤링 스톤즈 레코드에서 처음 제작한 1971년 앨범 ≪Sticky Fingers≫부터 본격화됐다.

롤링 스톤즈는 팝아트의 거장 앤디 워홀에게 ≪Sticky Fingers≫의 커버 아트 디자인을 맡기면서 1만 5,000파운드를 지급한 것으로 알려졌다. 물가 상승률을 반영해 요즘 돈 가치로 환산하면 5억 원이 넘는 금액이다. 지금 기준으로 보더라도 상당한 돈을 쓴 셈이다. 특히 1970년대 초반 음반 커버 아트 상당수가 아티스트의 단독 사진이나 밴드 멤버들의 단체 사진이었다는 점을 생각해 보면, 롤링 스톤즈가 커버 아트에 얼마나 많은 투자를 했는지 가늠할 수 있다.

앤디 워홀에게 디자인을 맡긴 것은 탁월한 선택이었다. 워홀은 캠벨(Campbell) 수프 캔, 영화배우 마릴린 먼로(Marilyn Monroe) 등을 주제로 한 실크 스크린 작품으로 유명하지만, 대중음악계와도 활발한 교류를 하고 있던 터였다. 1965년 벨벳 언더그라운드(The Velvet Underground)의 데뷔 앨범 커버 아트로 사용된 '바나나' 그림은 워홀의 대표작 중 하나로 꼽힌다. 이 바나나 그림은 노란 껍질을 벗기면 붉은 속살이 노출되는 파격적인 (또한 선정적인) 디자인으로도 유명하다.

퇴폐적인 이미지의 롤링 스톤즈와 파격적인 실험 정신을 가진 앤디 워홀이 만난 결과물은 역시나 센세이션을 일으켰다.

≪Sticky Fingers≫ 커버 아트에는 청바지를 입은 한 남자의 하체를 클로즈업한 흑백 사진이 사용됐는데, 페니스의 윤곽이 어렴풋이 보인다는 점에서 발매되자마자 논란의 핵심에 섰다. 스페인에서는 이 커버 아트가 선정적이라는 이유로 프란시스코 프랑코(Francisco Franco) 정권의 검열을 통과하지 못해 다른 버전으로 발매될 정도였다.

커버 아트에 실린 남자의 바지에는 실제 의류에 사용되는 지퍼가 달려 있었고, 지퍼를 내리면 속옷이 드러나는 구조였다. 앨범 커버 자체가 그야말로 기상천외한 작품이었다. 다만 이러한 방식의 커버는 생산 비용이 많이 들고 유통 과정에서 레코드판을 훼손할 우려가 있어 나중에 발매된 버전에는 실제 지퍼를 없애고 사진으로 대체했다.

이 앨범은 음악적으로도 훌륭하다는 평가를 받았지만, 만약 커버 아트가 롤링 스톤즈의 기존 대다수 앨범처럼 멤버들의 단체 사진으로 만들어졌더라면 음반 판매량은 조금 달라졌을지도 모를 일이다. 앤디 워홀의 작품을 사는 셈 치고 음반을 구입하는 소비자들도 있었다고 하니 말이다.

≪Sticky Fingers≫가 롤링 스톤즈의 디자인 경영 관점에서 중요한 이유는 또 있다. 록 음악의 상징처럼 되어 버린 '텅 앤드 립스*(Tongue and Lips)*' 로고가 처음 사용된 앨범이기 때문이다. 이 로고는 앨범 뒷면에 인쇄된 롤링 스톤즈 레코드의 로고로 소개됐지만, 이후에는 밴드의 로고로 사용되며 롤링 스톤즈 자체를 상징하게 됐다.

롤링 스톤즈가 <American Concert 1981> 투어에서 공연을 하고 있다.

롤링 스톤즈의 디자인 경영이 돋보인 또 하나의 영역은 라이브 콘서트 무대였다. 오늘날 유명 가수나 밴드의 공연장에서 볼 수 있는 화려한 무대는 롤링 스톤즈가 개척한 새로운 영역이나 다름없다.

2 독보적인 브랜드를 만들어라

롤링 스톤즈는 1981년 북미 투어 〈American Concert 1981〉을 앞두고 무대 디자인을 위해 일본인 화가 야마자키 카즈시게를 영입하는 획기적인 접근을 했다. 이때까지만 해도 무대라는 것은 그저 연주하고 노래하는 공간이었을 뿐, 여기에 디자인을 도입할 생각은 어느 누구도 하지 못했다. 롤링 스톤즈는 콘서트를 '소비자 경험' 측면에서 봤고, 소비자 경험을 극대화하기 위해 기존에 없던 무대 디자인을 도입한 것이다.

지금 기준으로 보면 다소 엉성한 디자인이지만, 그 당시 관객들의 반응은 폭발적이었다. 야마자키는 롤링 스톤즈의 1981년 북미 투어 무대 세트는 물론 포스터, 티셔츠, 그리고 공연 실황을 담은 라이브 앨범 ≪Still Life(American Concert 1981)≫의 커버 아트를 디자인했다.

오늘날에는 모든 뮤지션들이 앨범 커버 아트에 상당한 공을 들이고 있다. 예술로 봐도 손색이 없는 커버 아트도 많다. 또한, 콘서트 연출을 전문적으로 하는 기업들이 있을 정도로 무대 디자인 시장도 성장했다. 롤링 스톤즈는 대중음악 산업에서 디자인의 중요성을 누구보다 빨리 알아차린 선구자였다.

시크릿 경영 노트

디자인은 제품의 첫인상을 결정하고, 브랜드의 가치를 높이며, 고객 경험을 향상하는 데 중요한 역할을 한다. 앨범 커버 아트에서부터 밴드 로고, 무대 조형물에 이르기까지 디자인에 대한 집착은 롤링 스톤즈가 60년 넘게 활동하는 데에 있어서 중요한 역할을 했다. 롤링 스톤즈는 단순히 음악을 파는 것이 아닌, 브랜드와 경험을 파는 경영 전략을 구사한 것이다. 이는 많은 성공적인 기업들이 디자인을 통해 고객과의 감정적 유대감을 형성하고, 제품을 차별화하는 데 성공한 원인과도 일맥상통한다.

산업 현장에서 디자인의 중요성은 날로 커지고 있다. 애플이나 다이슨(Dyson) 같은 회사가 단지 제품의 기능만으로 성공한 게 아니라는 걸 보고 배웠기 때문이다. 경영자들은 디자인이 단순히 제품의 외관을 넘어 사용성, 혁신, 그리고 기업의 성공에 중대한 영향을 미친다는 점을 강조한다. 스티브 잡스(Steve Jobs) 애플 창업자는 디자인이 제품의 기능성과 사용자 경험을 결정짓는다고 했고, 하워드 슐츠(Howard Schultz) 스타벅스 전 CEO는 브랜드와 고객 간의 정서적 유대감을 형성하는 데 디자인이 큰 역할을 한다고 강조했다.

한국 기업들도 마찬가지이다. 정의선 현대차그룹 회장은 세계 최고의 디자이너들을 영입해 현대차와 기아의 경쟁력을 세계적 수준으로 끌어올렸다. 정용진 신세계그룹 회장은 "품질이 나쁘면 예선전에서 탈락이고 디자인은 결승전과 같다."라며 디자인의 중요성을 강조한 바 있다.

실제로 디자인은 고객의 관심을 끄는 강력한 마케팅 도구이다. 산업통상부와 한국디자인진흥원이 발표한 '2021 디자인산업 통계조사'에 따르면 제품 판매에 영향을 미치는 요소로는 ▲디자인이 27.90%로 가장 높았고, 다음은 ▲마케팅(홍보/광고)(18.28%), ▲고객서비스(15.00%), ▲성능(14.49%) 순이었다. 소비자들의 제품 선택에 가장 큰 영향을 미치는 요소가 디자인이라는 결과다.

조선시대에는 '같은 값이면 다홍치마'라고 했지만, 지금은 같은 값이 아니라 돈을 더 내더라도 디자인이 뛰어난 제품을 선택하는 시대가 됐다. 더 나아가 디자인은 제품의 모든 기능 및 사용자 경험과 밀접하게 연관되는 중요한 요소로 꼽히고 있다.

아이덴티티를 창조하라

: 롤링 스톤즈의 정체성을 효과적으로 알린 비결

성공적인 브랜드는 회사의 제품이나 서비스를 구구절절 설명하지 않고도 긍정적인 이미지를 떠오르게 만든다. 애플이라는 이름이 심플한 디자인과 뛰어난 사용성을 가진 제품을 생각나게 하는 것처럼 말이다.

성공한 기업의 경영자들은 브랜드 네임의 중요성을 누구보다 잘 알고 있었다. 스티브 잡스 애플 설립자는 '브랜드는 감정의 집합체'라고 말한 것으로 알려졌다. 그는 애플이라는 이름이 소비자들에게 혁신, 품질, 단순함을 연상시키길 원했다. 리처드 브랜슨*(Richard Branson)* 버진 그룹*(Virgin Group)* 회장은 "브랜드는 정체성이고, 사람들이 당신에 대해 느끼는 감정과 기대를 의미한다."라고 했다. 브랜드 네임이 단순한 이름 이상의 의미를 갖는다는 점을 강조한 말이다.

이 같은 관점에서 보면, 롤링 스톤즈의 브랜드 네이밍은 매우 성공적이었다. 롤링(Rolling)은 '롤(roll)', 스톤즈(Stones)는 '록(rock)'과 각각 맞닿아 있다 보니 밴드 이름에서 자연스럽게 '로큰롤(rock and roll)' 음악이 연상된다는 점에서다. 롤링 스톤즈가 60년 넘도록 록의 아이콘처럼 여겨지는 데에는 밴드의 이름이 상당한 부분을 차지했다고 봐도 과언이 아니다.

이렇게 록 역사상 가장 위대한 록 밴드의 이름이 롤링 스톤즈로 정해진 계기는 생각보다 단순하다. 밴드의 리더였던 브라이언 존스가 〈재즈 뉴스(Jazz News)〉 기자와 통화 도중 밴드 이름을 묻는 말에 방바닥에 굴러다니고 있던 머디 워터스(Muddy Waters)의 음반 수록곡 〈Rollin' Stone〉을 떠올리며 즉흥적으로 '롤링 스톤'이라고 답하면서 밴드명으로 굳어졌다는 게 정설이다. 비록 임시방편으로 둘러댄 이름이지만, 롤링 스톤즈 멤버들이 평소 존경하고 또한 그들의 음악에 영향을 준 머디 워터스에 대한 오마주가 담긴 것으로 해석된다.

롤링 스톤즈가 머디 워터스의 음악으로부터 영향을 받은 것에서도 알 수 있듯이 이들의 음악적 뿌리는 미국 블루스 장르에 있다. 그래서 롤링 스톤즈의 결성 초기 이름은 '리틀 보이 블루 앤드 더 블루 보이즈(Little Boy Blue and the Blue Boys)'였다. 믹 재거와 키스 리처즈는 자신들의 음악적 지향점을 블루스, 그중에서도 시카고 블루스에 뒀다. 시카고 블루스는 주로 어쿠스틱 기타로 연주된 델타 블루스(Delta blues)에 일렉트릭 기타를 도입해 밴드 스타일로 발전시킨 음악 장르이다. 재거와 리처즈는 시카고 블루스의 열렬한 팬이었고, 두 사람의 음악적 지향점은 확고했다. 훗날 영국의 유명 뮤지션으로 성장한 제프 브래드포드(Geoff Bradford)와 브라이언 나이트(Brian Knight)가 음악 성향 차이로 롤링 스톤즈에 합류하지 않았다는 얘기도 있다.

물론 블루스는 1950년대 로큰롤의 태동에 상당한 영향을 줬고, 보 디들리(Bo Diddley), 리틀 리처드(Little Richard), 패츠 도미노(Fats Domino) 등 많은 뮤지션들은 블루스와 로큰롤 장르를 넘나들었다. 롤링 스톤즈 결성 당시 이들이 추구했던 음악 역시 블루스와 로큰롤의 경계선상에 있었다고 보는 게 타당하다. 다만 1960년대 중반 이후 롤링 스톤즈가 자작곡으로 채운 앨범을 발표할 무렵부터 이들의 음악은 블루스에서 점차 록으로 기울었다. 데뷔 직전 밴드 이름을 록을 연상시키는 롤링 스톤즈로 개명한 것은 선견지명이었던 셈이다.

롤링 스톤즈라는 이름의 기원이 된 머디 워터스의 〈Rollin'

Stone〉은 우리 모두가 아는 서양 격언 'A rolling stone gathers no moss'에서 유래했다. 직역하면 '구르는 돌에는 이끼가 끼지 않는다'라는 의미이다. 고대 로마의 작가이자 풍자시인으로 유명한 푸블릴리우스 시루스*(Publilius Syrus)*가 남긴 명언이다. 『옥스퍼드*(Oxford)* 영어 사전』에 따르면 원래 뜻은 '자신의 사회적 직업적 위치를 자주 바꾸는 사람은 성장할 수 없다.'라는 것이었지만, 지금은 흔히 '부지런하고 꾸준히 노력하는 사람은 침체되지 않고 계속 발전한다.'라는 의미로 쓰인다.

기업 경영 측면에서 시루스의 명언은 '변화하지 않는 것은 쇠퇴하고 혁신하지 않는 조직은 경쟁력을 잃는다.'라는 뜻으로 많이 인용된다. 다시 말해, 성공적인 비즈니스를 유지하고 성장시키기 위해서는 변화와 혁신이 필요하다는 메시지라고 볼 수 있다.

경영 환경은 늘 변화한다. 기존의 비즈니스 모델이나 전략이 계속해서 효과를 발휘할 수는 없다. 시대의 변화에 대응하고 고객의 요구에 맞추기 위해서는 새로운 아이디어를 수용하고 기존의 방식을 개선하는 등의 변화와 혁신이 필요하다. 때로는 그동안 성공의 바탕이 된 것들과 결별해야 하고, 심지어 조직의 관성에 역행하기 위해 투쟁해야 한다.

이런 점에서 볼 때 롤링 스톤즈는 이름값을 확실하게 했다. 지난 60여 년의 활동을 되돌아보면, 이들의 역사에는 언제나 변화와 혁신이 있었음을 알 수 있다. 블루스 커버 밴드로 시작한 이들은 점차 자작곡을 만드는 록 밴드로 탈바꿈했고, 이걸로 모자라 반항적이고 강렬한 이미지로 차별화된 아이덴티티를 확립했으며, 록 밴드라는 정체성을 유지하면서도 언제나 새로운 변화를 수용했고, 음반 판매 외에도 콘서트, 머천다이즈 등 수익 모델을 다각화함으로써 장기적인 활동 기반을 만들었다.

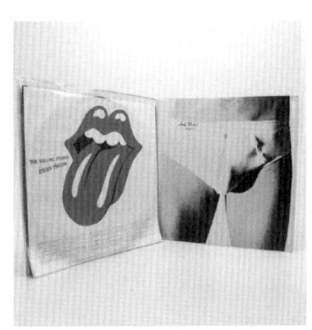

'텅 앤드 립스' 로고가 처음 사용된 《Sticky Fingers》 속지

롤링 스톤즈가 성공적인 브랜드가 된 데에는 이름 말고도

중요한 요인이 있다. 다름 아닌 로고 디자인이다.

두꺼운 입술 사이로 혀를 내민 카툰 스타일의 로고는 '텅 앤드 립스' 또는 '핫 립스*(Hot Lips)*'라고 불린다. 로고에는 롤링 스톤즈의 이름이 전혀 보이지 않는다. 그래도 사람들은 모두 이 로고를 보면서 롤링 스톤즈를 떠올린다. 마치 애플의 사과 모양 로고나 나이키의 '스우시*(Swoosh)*' 로고를 보며 이들 회사를 저절로 떠올리는 것과 같다. 롤링 스톤즈의 음악은 몰라도 이 로고는 익숙하게 느끼는 사람들이 많다. 그만큼 텅 앤드 립스 로고는 대중음악 역사상 가장 유명하고 성공적인 로고라는 평가를 받고 있다.

롤링 스톤즈가 밴드 이름을 즉흥적으로 지은 것처럼 이들은 로고 디자인도 순식간에 도입했다. 1970년, 롤링 스톤즈는 유럽 투어를 앞두고 있었는데, 레코드사 직원들이 디자인한 포스터가 멤버들의 마음에 들지 않았다. 결국 포스터는 물론 프로그램 북과 보도자료 등에 사용할 로고를 디자인해 줄 디자이너를 물색하던 중 믹 재거가 발굴한 인물은 왕립예술대학*(Royal College of Art)* 졸업반에 재학 중이던 존 파셰*(John Pasche)*라는 학생이었다.

그 당시 믹 재거는 힌두교 문화에 심취해 있었고, 그는 파셰에게 '파괴의 여신' 칼리(*कली*)의 혀를 모티브로 한 로고를 디자인해 달라고 요청했다. 파셰는 롤링 스톤즈의 반(反)권위적 태도, 믹 재거의 두꺼운 입술, 그리고 성적인 함축을 콘셉트로 잡고 디자인에 착수했다.

파셰는 디자인 도안을 여러 개 만들지도 않았다. 재거는 파셰가 만든 두 번째 도안을 전격 채택했다. 이렇게 갑자기 만들어진 텅 앤드 립스 로고는 처음엔 롤링 스톤즈 레코드의 로고로 사용되다가 점차 밴드의 공식 로고로 굳어졌다. 지금은 롤링 스톤즈의 상징이 됐을 뿐만 아니라 록 음악 자체를 관통하는 이미지가 되었다.

존 파셰가 이 유명한 로고를 디자인하고 받은 돈이 고작 50파운드라는 점은 놀라울 지경이다. 지금 가치로 170만 원가량이다. 로고가 만들어진 지 2년 뒤인 1972년 파셰는 200파운드를 추가로 받았다. 물론 이게 전부는 아니다. 1984년 파셰는 롤링 스톤즈 계열사 뮤지도어(*Musidor*)에 로고 저작권을 2만 6,000파운드에 판매했다. 또 2008년에는 빅토리아 앤드 알버트 뮤지엄(*Victoria and Albert Museum*)에 로고 원본을 5만 1,000파운드에 팔았다. 그래도 오늘날 텅 앤드 립스 로고가 갖고 있는 유명세와 영향력에 비하면 여전히 보잘것없는 금액으로 보인다. 반대로, 롤링 스톤즈 입장에서는 싼값에 크게 남는 장사를 한 셈이다.

시크릿 경영 노트

어쩌면 창업을 준비하는 사람들은 브랜드 네이밍에 가장 많은 시간을 할애해야 할지도 모르겠다. 기업 이름이나 브랜드명은 길게는 수백 년 동안 소비자들의 입에 오르내릴 수 있기 때문이다.

브랜드 분야에서 세계 최고 권위를 가진 데이비드 아커(David Aaker) UC 버클리 하스 경영대학원(University of California at Berkeley Haas School of Business) 명예 교수는 '이름을 창조하는 일은 몇몇 내부 직원들이 부엌 식탁이나 회사 식당에 앉아 브레인스토밍으로 처리하기에는 너무도 중요한 일'이라고 말했다.

그는 브랜드 네임을 정할 때 필요한 기준으로 ▲기억하기 쉬운지 ▲어떤 종류의 제품인지를 암시하는지 ▲바람직하지 않은 이미지를 연상하지는 않는지 ▲심벌이나 슬로건을 만들기에 적합한지 ▲법적인 문제는 없는지 등을 제시한 바 있다.

롤링 스톤즈라는 이름은 아커 교수가 제시한 기준 대부분을 충족하는 훌륭한 브랜드 네이밍이라고 볼 수 있다. 비록 즉흥적으로 지어진 것이었지만, 결과적으로 이들의 음악적 정체성을 효과적으로 전달했다는 점에서다.

브랜드 네이밍은 기업의 아이덴티티를 형성하고 소비자에게 특정 이미지를 떠올리게 하는 중요한 요소라는 점을 기억해야 한다.

브랜드에서 기업 로고의 중요성도 빼놓을 수 없다. 로고는 브랜드의 얼굴이자, 철학과 가치를 담은 압축된 언어다. 애플의 사과, 나이키의 스우시, 스타벅스의 세이렌(Siren)처럼 강력한 로고는 소비자 기억 속에 각인되어 제품의 품질과 철학을 시각적으로 증명해 낸다.

디자인 컨설턴트 폴 랜드(Paul Rand)는 "로고는 회사를 '보여주는(show)' 것이 아니라, '보게 만드는(make seen)' 것이다."라고 말했다. 이는 로고가 단순한 장식이 아니라, 브랜드 전략의 핵심 수단임을 의미한다. 롤링 스톤스의 '텅 앤드 립스' 로고가 록의 정체성을 집약한 상징으로 수십 년간 자리하고 있는 것처럼 말이다.

홍보가 된다면
이슈를 만들어라

: 스캔들을 마케팅 자산으로 만든 전략

   1992년, 이탈리아 의류업체 베네통*(Benetton)*이 내놓은 광고 사진 한 장이 세상을 발칵 뒤집어 놓았다. 가톨릭 신부와 수녀가 키스하는 장면을 광고 사진으로 사용한 것이다. 이는 보편적인 금기를 깨는 파격이자 바티칸에 대한 도전이었다. 일생 동안 하느님을 섬기기로 한 신부와 수녀의 애정 행각은 가톨릭에서는 어떤 불륜보다 더 불경한 죄악으로 꼽는다.

   베네통은 인종, 동성애, 종교, 전쟁 등 다양한 사회 문제를 주제로 도발적인 광고를 하곤 한다. 그때마다 비난 여론이 들끓지만, 베네통은 이를 즐기는 듯하다. 베네통 브랜드가 언론에 도배됨으로써 인지도가 높아지고, '다양성'이라는 베네통의 철학을 공유하는 소비자들의 호응이 이어지기 때문이다.

한국에서 버거킹을 운영하는 비케이알(BKR)은 2024년 4월 8일, "와퍼 판매를 종료합니다."라는 공지를 띄웠다. 와퍼는 버거킹의 핵심 메뉴인데, 와퍼 판매를 종료한다는 난데없는 공지에 소비자들의 문의가 빗발쳤다. 와퍼 쿠폰을 미리 사들인 소비자들은 와퍼가 단종되기 전에 사용하기 위해 버거킹 매장으로 달려갔고, 와퍼 판매량은 치솟았다. 짐작하듯이 와퍼는 없어지지 않았다. BKR은 새롭게 리뉴얼한 와퍼를 홍보하기 위해 이러한 극단적인 공지를 한 것이다.

기업이 일으킨 논란이 브랜드 노출을 증가시키고 매출이 늘어나는 결과로 이어지는 경우를 종종 볼 수 있다. 앞서 소개한 베네통과 버거킹의 사례는 대표적인 노이즈 마케팅(noise marketing)으로 꼽힌다.

노이즈 마케팅은 '나쁜 평판도 평판'이라는 말로 설명할 수 있다. 내용이 뭐가 됐든 사람들 입에 자주 오르내리는 게 좋다는 뜻이다. 롤링 스톤즈는 이 점을 누구보다 잘 아는 밴드였다. 1960년대 중반 비틀즈와 차별화하기 위해 구축한 악동 이미지가 논란과 함께 인기로 이어지는 걸 경험한 터였다.

특히 섹스 스캔들은 언제나 언론과 대중의 관심거리였다.

믹 재거의 문란한 생활이 헤드라인을 장식한 적도 여러 차례 있었다.

마리안느 페이스풀과 믹 재거. ⓒalamy

가장 유명한 사건은 영국 가수 마리안느 페이스풀(Marianne Faithfull)과의 관계이다. 재거는 자신이 작사한 노래 〈As Tears Go By〉를 페이스풀에게 선물했고, 이를 계기로 두 사람은 동거를 시작했다. 문제는 이들의 관계가 둘만의 것은 아니었다는 데에 있다. 영국 대중음악계에 떠도는 풍문에 따르면 1967년 레드랜즈(Redlands) 별장에서 매일같이 마약에 취한 사람들이 섹스 파티를 벌인다는 제보를 받고 경찰이 출동했는데, 여기서 믹 재거, 키스 리처즈와 함께 옷을 모두 벗은 상태의 마리안느 페이스풀이 발견됐다. 19명의 경찰이 급습했을 때 재거와 리처즈는 '마즈(Mars)' 초콜릿바를 이용해 페이스풀에게 음란한 행위를 하고 있었다는 구체적인 소문도 있다. 이에 대해 롤링 스톤즈 멤버들은 페이스풀이 단지 샤워를 마치고 나왔을 뿐이라고 반박하고 있지만, 이러한 풍문으로 인해 롤링 스톤즈의 퇴폐적인 이미지는 확고해졌다.

마리안느 페이스풀은 마조히즘(masochism)의 창시자로 유명한 레오폴트 폰 자허-마조흐(Leopold von Sacher-Masoch)의 조카딸 에바(Eva)와 대학에서 이탈리아 문학을 담당하던 교수 로버트 글린 페이스풀(Robert Glynn Faithfull) 사이에서 태어난, 그야말로 좋은 집안의 '엄친딸'이었다. 그러나 믹 재거를 만나 동거를 하면서 집단 섹스 스캔들에 이름이 오르는 등 퇴폐적인 이미지가 씌워졌다. 페이스풀에게는 불행한 일이었지만, 재거는 오히려 이 사건 이후 섹스의 화신처럼 군림했다.

실제로 믹 재거의 여성 편력은 타의 추종을 불허한다. 그가 지금까지 4,000명이 넘는 여자와 잠자리를 가졌다는 폭로는 유명하다. 재거와 성관계를 한 여자 중 유명한 사람만 추려도 영국 모델 크리시 슈림튼(Chrissie Shrimpton), 미국 배우 마샤 헌트(Marsha Hunt), 니카라과 출신 배우 비앙카 페레즈-모라 마시아스(Bianca Pérez-Mora Macias), 이탈리아 가수 겸 모델이자 훗날 니콜라 사르코지(Nicolas Sarkozy)와 결혼해 프랑스 영부인이 되는 카를라 브루니(Carla Bruni) 등 다양하다. 이 중 비앙카 페레즈-모라 마시아스는 재거와 유일하게 공식적으로 결혼했던 사이이며, 재거의 자녀는 총 8명이다. 재거는 44살 연하인 멜라니 햄릭(Melanie Hamrick)과 약혼한 사이라는 사실이 2025년 4월 세간에 알려지기도 했다.

롤링 스톤즈는 새로운 앨범이나 투어를 앞두고는 언론의 관심을 집중시키려고 일부러 논란을 일으키기도 했다.

특히 1972년, ≪Exile on Main St.≫ 앨범을 홍보하기 위한 미국 투어에서 믹 재거는 도발적인 퍼포먼스와 선정적인 언행으로 언론의 비난을 받았다. 그는 마이크 스탠드를 자신의 페니스처럼 다루기도 하고, 관객들을 향해 "여러분 모두가 이 밤에 무엇을 원하는지 안다."라며 성적인 함의가 내포된 발언을 하기도 했다. 이 때문에 일부 지역에서는 롤링 스톤즈 공연 금지 요구가 나오기도 했지만, 오히려 대부분 지역에서는 공연 티켓 판매가 매진되는 결과로 이어졌다. 롤링 스톤즈 콘서트에 대한 언론의 비판이 관객들의 호기심을 키웠기 때문이다.

1976년, ≪Black and Blue≫ 앨범 발매 당시에는 한 여성이 묶인 채로 구타당한 것처럼 보이는 이미지의 광고를 뉴욕 시내 한복판에 걸었다. 광고 문구는 'I'm Black and Blue from the Rolling Stones—and I love it!'(롤링 스톤즈 때문에 멍들었지만, 난 그게 좋아)였다. 이 광고는 페미니스트 단체들과 언론의 거센 비판을 받았다. 그러나 이 논란 덕분에 앨범에 대한 주목도가 급격히 상승했고, ≪Black and Blue≫는 〈빌보드 200(앨범 차트)〉 1위에 올랐다.

1976년 뉴욕에 설치된 ≪Black and Blue≫ 광고판.

롤링 스톤즈는 언론의 규제와 비판을 오히려 무기로 삼기도 했다. 1960년대 중반 영국 공영방송 BBC가 롤링 스톤즈의 출연을 금지했을 때는 보수 언론과 자유를 추구하는 음악인의 대립 구도를 만들며 팬들을 자신들의 편으로 끌어들였다.

또 1968년에 발매된 곡 〈Street Fighting Man〉이 폭력을 선동하는 노래로 간주돼 일부 방송국에서 금지곡이 되자, 롤링 스톤즈는 이 노래가 반전(反戰) 메시지를 담고 있다고 맞서며 팬들에게 어필했다.

1960년대 말부터 1970년대 초까지 미국과 영국에서는 반문화 운동이 활발하게 전개되고 있었다. 젊은 세대는 성적 해방, 반전 운동, 시민권 운동 등 기존의 사회적 규범에 도전하는 문화적 흐름 속에서 롤링 스톤즈를 우상처럼 받아들였다.

롤링 스톤즈는 일부러 노이즈를 일으켜 보수적인 사회와 언론의 거센 비난을 받고, 이를 전략적으로 활용해 반문화 운동의 아이콘이 된 것이다.

시크릿 경영 노트

미국의 광고 대행사 오길비 앤드 매더(Ogilvy & Mather)의 창립자인 데이비드 오길비(David Ogilvy)는 "광고는 주목받지 못하면 아무 소용이 없다."라고 말한 바 있다. 노이즈 마케팅의 긍정적인 효과를 잘 보여주는 말이다.

물론 노이즈 마케팅이 항상 성공하는 것은 아니다. 경영학자들은 노이즈 마케팅이 강력한 시선을 끌 수 있는 도구라는 점을 인정하면서도, 그 이면에는 장기적인 브랜드 가치와 소비자와의 신뢰 관계가 중요하다는 점을 강조한다.

종종 '역겹다'라는 비판까지 받았던 베네통의 노이즈 마케팅이 성공한 것은 우리 사회의 다양성을 고민하게 만드는 지속적인 메시지가 소비자들에게 와닿았기 때문이다. 롤링 스톤즈 역시 반문화 이미지를 강화하는 일관된 메시지로 노이즈 마케팅을 펼침으로써 더 많은 팬을 끌어모을 수 있었다.

그러나 노이즈 마케팅을 하는 기업들은 주의해야 한다. 브랜드 자산 관리와 마케팅 커뮤니케이션 분야의 권위자인 케빈 레인 켈러(Kevin Lane Keller) 다트머스 대학교(Dartmouth College) 경영대학 마케팅 교수는 "노이즈 마케팅은 이목을 집중시키는 데 매우 효과적이지만, 브랜드가 소비자에게 전달하고자 하는 핵심 메시지와 일관되지 않다면 브랜드 자산을 훼손할 수 있다."라고 지적했다.

실제로 지난 2017년 도브(Dove)는 흑인 여성이 도브 바디로션을 사용한 후 백인으로 변하는 광고를 내보냈다가 거센 비난을 받았다. 이 결과 전 세계적인 불매 운동이 벌어졌고, 상당 기간 매출에 타격을 입었다.

3

매출을 늘리고 이익을 남겨라

위기 때는
기본으로
돌아가라

: 혼란 속에서 록의 근본을 되짚은 까닭

파운드리 반도체 업계 1위인 TSMC가 어느 날 갑자기 사업을 접었다고 가정해 보자. 2위 삼성전자 파운드리 사업부 입장에선 단숨에 시장 점유율 선두에 오르는 기회가 되겠지만, 1위 자리를 계속해서 유지하기 위해선 결국 실력이 뒷받침돼야 한다. 고객사가 설계한 반도체를 생산할 수 있는 기술력을 갖추지 못한다면 애플 같은 고객사의 물량을 수주할 수 없기 때문이다. 치열한 미세 공정 경쟁 속에서 후발 업체들이 시장 점유율을 확대할 기회를 호시탐탐 노리고 있기도 하다.

1970년 롤링 스톤즈가 처한 상황도 비슷했다. 비틀즈의 갑작스러운 해체로 인해 록 음악계의 왕좌를 차지했지만, 그 후부터는 스스로의 실력으로 1등 자리를 지켜야만 했다.

롤링 스톤즈는 새 멤버 영입과 자체 레이블 설립 등 그동안 철저한 준비를 해 온 게 사실이다. 그러나 아무리 오랫동안 준비해 온 미래라고 하더라도, 막상 왕좌에 앉은 롤링 스톤즈의 앞날은 불투명하기만 했다. 5년 동안 롤링 스톤즈의 매니저로 활동하던 앨런 클라인을 해고한 직후였기 때문에 멤버들은 의사 결정에 있어서 우왕좌왕하기 일쑤였다.

시장 상황도 녹록지 않았다. 특히 1970년대 들어 록 음악은 장르를 일일이 헤아릴 수 없을 정도로 세분화됐고, 미국과 영국에선 하루가 멀다 하고 새로운 밴드와 뮤지션이 등장해 실력을 겨뤘다. 왕좌를 지키기에는 결코 쉽지 않은 환경이었다.

비틀즈가 해체를 선언한 1970년의 대중음악 시장이 어떤 모습이었는지 짚어 보자. 그해 대표적인 록 히트곡으로는 '기타의 신'으로 불리는 영국 출신 기타리스트 에릭 클랩튼(Eric Clapton)의 〈After Midnight〉, 캐나다 록 밴드 게스 후(The Guess Who)의 〈American Woman〉, 미국 기타리스트 산타나(Santana)의 〈Black Magic Woman〉, 1세대 헤비메탈 밴드 블랙 사바스의 〈Paranoid〉와 레드 제플린의 〈Immigrant Song〉 등이 있다. 발표 당시는 물론 지금까지도 사랑받는 명곡들이다.

록 음악 외에도 잭슨 파이브(The Jackson 5), 다이애나 로스

(Diana Ross), 사이먼 앤 가펑클*(Simon & Garfunkel)*, 닐 다이아몬드*(Neil Diamond)*, 카펜터즈*(Carpenters)* 등이 대중음악 차트 상위권을 수놓고 있었다.

쉽게 말하자면, 비틀즈나 롤링 스톤즈 같은 영국 록 밴드가 대중음악 차트를 평정하고 공연장을 가득 채우던 '브리티시 인베이전' 시절은 한참 전에 지나갔다는 얘기다. 이런 상황에서 롤링 스톤즈는 어떻게든 1등에 걸맞은 실력을 인정받아야만 했다.

그런 점에서 1971년 4월 23일에 발표한 앨범 ≪Sticky Fingers≫는 롤링 스톤즈가 밴드 이름에 걸맞게 계속 굴러갈 수 있는 밴드인지를 가늠하는 시험대와도 같았다.

이 앨범은 롤링 스톤즈의 자체 설립 레이블인 롤링 스톤즈 레코드에서 발매됐다는 점이 눈에 띈다. 데카 레코드와의 계약이 종료되자마자 롤링 스톤즈 멤버인 믹 재거, 키스 리처즈, 믹 테일러, 찰리 와츠, 빌 와이먼*(Bill Wyman)*은 직접 레코드 레이블을 설립했다.

롤링 스톤즈가 활동하던 당시에는 아티스트나 밴드가 자체적으로 레코드 레이블을 설립하는 경우가 잦았다. 비틀즈의 애플 레코드*(Apple Records)*, 제퍼슨 에어플레인*(Jefferson Airplane)*의 그런트 레코드*(Grunt Records)*, 딥 퍼플의 퍼플 레코드*(Purple Records)*, 레드 제플린의 스완송 레코드*(Swan Song Records)*가 대표적이다. 다만 대다수 자체 레이블이 외부 아티스트와의 계약을 통해 실제 레코드 회사로서의 기능을 했던 것과 달리, 롤링 스톤즈 레코드는 외부 아티스트와의 계약에 적극적이지 않았다. 롤링 스톤즈 레코드는 음반 회사로서의 사업 확장보다는 밴드 멤버들의 음악 저작권을 확고하게 유지하는 한편, 음악 프로듀싱부터 앨범 커버 디자인까지 누구의 입김도 없이 멤버들 마음대로 작업할 수 있는 환경을 만들기 위해 만들어진 것으로 해석된다.

마이클 포터 하버드 비즈니스 스쿨 교수는 "경쟁 우위를 구축하려면 핵심 자산과 역량에 대한 통제권을 강화해야 한다."라고 강조한 바 있다. 롤링 스톤즈는 레이블 설립을 통해 음악 제작, 유통, 디자인 등을 자율적으로 운영하며 이런 통제력을 강화한 것이다.

롤링 스톤즈 레코드에서 발매한 첫 앨범 ≪Sticky Fingers≫에서 롤링 스톤즈는 기본으로 회귀한 사운드로 승부를 걸었다. 디스크자키*(DJ)*와 기자, 그리고 팬들에게 익숙한 롤링 스톤즈 음악을 들려주기로 한 것이다. 기존 몇몇 앨범에 등장했던 실험적인 시도가 거의 사라졌고, 대부분의 수록곡이 보컬과 기타, 베이스, 드럼 연주로 구성된 정통 록 음악으로 채워졌다. 〈Brown Sugar〉, 〈Can't You Hear Me Knocking〉, 〈Wild Horses〉 등이다. 롤링 스톤즈 전성기의 시작을 알렸던 〈(I Can't Get No) Satisfaction〉과 견줄 만한 곡들이다.

어떤 조직이 '기본'으로 회귀한다는 것은 그만큼 확실한 전략이 필요한 시기라는 의미로 해석될 수 있다. 2001년 10월 미국 자동차 제조업체 포드*(Ford)*의 CEO에 취임한 윌리엄 클레이 포드 주니어*(William Clay Ford Jr.)*가 포드의 본업인 자동차 제조에 충실하기 위해 자동차용품 회사를 매각하고 온라인 판매 책임자를 내보낸 것은 좋은 사례이다. 잇단 사고로 인한 판매 부진과 적자 발생이라는 위기 상황에서 사업 다각화보다는 기본으로 되돌아가는 전략을 택한 것이다. 패스트푸드 업체 맥도날드*(McDonald's)*도 2000년대 초반 매출 부진과 이미지 하락에 맞서기 위해 메뉴 단순화와 품질 개선 등 기본으로 돌아가는 전략을 통해 위기를 극복했다. 스타벅스도 마찬가지였다. 2008년 금융 위기 당시 매출 감소와 수익성 악화를 극복하기 위해 사업의 본질인 커피 품질에 집중했다.

롤링 스톤즈가 1971년 《Stick Fingers》 앨범 발매 후 공연을 하고 있다.
왼쪽부터 믹 테일러, 믹 재거, 찰리 와츠. ⓒalamy

롤링 스톤즈가 록 음악계의 왕좌를 굳건히 하기 위한 중대한 시기에 '백 투 베이직(Back to Basics)' 전략을 구사한 배경도 다르지 않다. 멤버들이 느끼고 있던 위기감과 중압감이 어느 정도였는지를 가늠케 해 준다.

물론 이렇게 초심으로 돌아가 심혈을 기울여 앨범을 만든다고 해서 다 좋은 결과물이 나오는 것은 아니다. 라디오 DJ들이 선곡을 하고, 음악 잡지와 일간지 기자들이 좋은 리뷰를 써 주고, 팬들 사이에 입소문이 나야만 음반이 팔린다. 페이스북(Facebook)이나 유튜브(Youtube)가 없던 시절에는 이 세 가지 요소에 의해 음반 판매량이 좌우됐다고 해도 과언이 아니다.

다행히 롤링 스톤즈의 전략은 제대로 먹혔다. '신제품'에 대한 대중의 반응은 가히 폭발적이었다. ≪Sticky Fingers≫는 발매 직후인 1971년 5월 영국 차트에서 4주간 1위를 차지했고, 잠시 정상에서 내려온 후 6월 중순 '역주행'하며 다시 1위에 올랐다. 미국에서는 발매 당일 1위에 올라 4주간 정상에 머물렀다. 만약 그해 최고 히트 앨범으로 기록된 캐롤 킹 *(Carole King)*의 ≪Tapestry≫가 발매되지 않았더라면, 롤링 스톤즈는 훨씬 더 오랫동안 차트 정상을 지킬 수 있었을 것으로 보인다.

특히 ≪Sticky Fingers≫는 롤링 스톤즈가 미국과 영국에서 동반 1위를 기록한 첫 앨범이고, 이후 달성하게 되는 '8개 스튜디오 앨범 연속 1위' 기록의 출발점이었다는 점에서 특별한 의미를 지닌다. 이 앨범은 지금까지도 ≪Beggars Banquet≫, ≪Let It Bleed≫, ≪Exile on Main St.≫와 함께 롤링 스톤즈의 4대 명반 가운데 하나로 꼽힌다. 앨범에서 리드 싱글로 커트된 〈Brown Sugar〉는 미국과 캐나다 차트 1위에 올랐고, 영국과 아일랜드에서는 2위를 차지했다.

까다롭기 그지없는 평단의 반응도 대체로 좋았다. 음악 평론가 로버트 힐번(Robert Hilburn)은 〈로스앤젤레스 타임즈(Los Angeles Times)〉에 기고한 음반 리뷰에서 "올해 최고의 록 앨범 가운데 하나이지만 롤링 스톤즈의 기준으로는 겸손하다."라고 평가했다. 그는 특히 앨범 수록곡 〈Bitch〉와 〈Dead Flowers〉가 과거 롤링 스톤즈의 억제되지 않은 격렬한 스타일을 회상하게 만든다고 적었다.

'물 들어올 때 노를 저어라'라는 말은 기업 경영 현장에서 자주 쓰이는 격언이다. 롤링 스톤즈도 ≪Sticky Fingers≫ 발매 이후 다져진 인기를 기반으로 점차 활동 보폭을 넓혔다. 이듬해인 1972년 5월 12일, 밴드의 최고작이라고 평가받는 열 번째(영국 기준) 스튜디오 앨범 ≪Exile on Main St.≫를 발매했고, 곧이어 북미, 퍼시픽, 유럽, 영국 등지를 돌며 투어를 이어갔다.

시크릿 경영 노트

비틀즈의 해체는 1970년대 록 음악계의 지형을 송두리째 흔든 사건이었다. 그리고 비틀즈가 남긴 공백은 자연스럽게 롤링 스톤즈에게 기회와 부담을 동시에 안겨주었다.

비틀즈가 해체되기 전까지 롤링 스톤즈는 '비틀즈에 대한 반작용'으로 존재했다. 더 거칠고, 더 반항적이고, 더 공격적인 이미지로 자신들을 차별화해 왔지만, 정작 시장의 절대 강자가 사라지자 스스로 무게 중심을 잡아야 했다. 이제는 '대안'이 아니라 '기준'이 되어야 했기 때문이다.

이때 그들이 선택한 전략은 '기본으로 돌아가는 것'이었다. 1971년 발표된 ≪Sticky Fingers≫는 신시사이저나 과도한 편곡 없이 블루스와 하드록의 기본 사운드에 충실한 작품이었다. 오히려 과감하고 상업적인 실험을 할 수 있었던 시기였지만, 그들은 음악적으로 본질에 집중했다. 결과는 대성공이었다. 이 앨범을 기점으로 롤링 스톤즈는 '호랑이 없는 굴의 여우'가 아니라, '세계 최고의 록 밴드'로 자리매김하게 된다.

이 전략은 음악 산업에만 해당되는 이야기가 아니다. 기업 경영에서도 '기본으로의 회귀'는 위기를 극복하고 재도약하기 위한 유효한 방법으로 통한다.

『좋은 기업을 넘어 위대한 기업으로(Good to Great)』의 저자 짐 콜린스(Jim Collins)는 기업이 외부 변화에 휘둘리지 않고 중심을 유지하려면 반드시 본질적인 강점에 집중해야 한다고 강조한다. 실제로 애플은 1997년 파산 위기에 몰렸을 때 복잡하게 분화된 제품 라인을 없애고, 맥(Mac)으로 대표되는 핵심 제품군에만 집중하는 전략을 택하며 다시 일어설 수 있었다.

이처럼 '기본으로 회귀하는 전략은 위기를 뚫고 조직의 정체성을 회복하는 중요한 방식이다. 환경이 불확실할수록, 기술이 빨리 변할 수

록, 시장의 기준점은 오히려 '일관성'과 '본질'에 향하게 된다. 롤링 스톤즈가 1971년, ≪Sticky Fingers≫로 택한 결정은 단순한 사운드 선택이 아니었다. 그것은 그들이 누구인지, 앞으로 무엇을 할 수 있는지를 가장 분명하게 드러낸 경영적 선택이었다.

기업도 마찬가지다. 방황하거나 흔들릴 때, 가장 먼저 돌아봐야 할 것은 화려한 전략이 아니라 그 기업이 원래 잘하던 것, 본질적 강점, 그리고 그것을 고객에게 전달하는 방식이다.

주력 사업을
발굴하고
키워라

: 음악 밴드에서 콘서트 기업으로의 변화

    대한민국 최장수 기업 두산은 1990년대까지만 해도 음료(코카콜라·OB맥주)와 식품(종가집김치·KFC·버거킹), 의류(폴로) 등 소비재 중심의 사업을 전개했다. 그러나 외환 위기를 맞으면서 소비재 사업이 휘청거리자, 두산은 한국중공업 인수를 통해 주력 사업 전환에 나섰다. 2000년대 이후 두산은 두산중공업, 두산인프라코어, 두산밥캣 등을 중심으로 한 중공업 기업으로 더 유명해졌다. 두산이 다시 위기를 맞은 것은 글로벌 친환경 트렌드로 인해 원자력 발전과 석탄화력 사업이 흔들리면서다. 그러자 두산은 반도체, 로봇, 이차 전지, 신재생 에너지 등에 대한 투자를 늘리며 또 한 번의 변신을 꾀했다. 두산의 역사를 관통하는 단어는 '변화'라고 볼 수 있다.

경영학자 피터 드러커는 기업가에 대해 '변화를 탐구하고, 변화에 대응하며, 변화를 기회로 이용하는 자'라고 정의한 바 있다. 반대로 말하면, 변화를 추구하지 않는 기업가는 돈을 벌 수 없다는 의미이기도 하다. 두산을 비롯한 글로벌 기업들이 계속해서 변화를 추구하는 것은 당연한 일이다.

롤링 스톤즈 역시 수시로 변화에 나섰다. 돈벌이에 대한 타고난 감각일 수도 있고, 트렌드에 민감한 성향 때문일 수도 있다. 분명한 건 롤링 스톤즈가 중요한 순간마다 변화를 통해 계속 굴러갈 수 있는 동력을 확보했다는 점이다. 비틀즈를 따라 하는 전략에서 벗어나 독보적인 악동 이미지를 구축했고, 디스코 음악이 유행하자 디스코 스타일의 노래로 시장을 공략했다. 모두 성공적인 변화였다.

롤링 스톤즈의 가장 중요한 변화는 밴드의 주력 사업을 '음반 판매'에서 '콘서트 투어'로 전환한 것이다.

대다수 밴드가 앨범 발표에 집중하던 시대에 롤링 스톤즈는 대형 콘서트의 경제적 가치를 알아차렸다. 『괴짜 경제학 *(Freakonomics)*』의 공동 저자인 스티븐 더브너 *(Stephen J. Dubner)*는 2007년 자신의 블로그에 쓴 글에서 '믹 재거의 리더십 하에서 롤링 스톤즈가 가장 잘한 것은 공연과 관련해 기업적 접근을 한 것'이라고 분석했다.

대중음악의 매출은 크게 두 곳에서 발생한다. 하나는 음반 판매이고, 다른 하나는 공연 티켓 판매이다. 그런데 새 앨범을 만들기 위해서는 작사·작곡을 해야 하고, 악기 연습을 해야 하며, 유명 엔지니어를 섭외하고, 좋은 시설이 있는 스튜디오에서 작업을 해야 한다. 모두 어마어마한 노력과 돈이 드는 일이다. 앨범이 만들어진 후에는 홍보와 영업에 추가 비용이 든다. 음반 판매로 돈을 벌면 음반사와 배급사 등 수익을 배분해야 할 곳도 많다. 예상만큼 음반이 팔리지 않으면 그대로 적자가 난다.

이에 비해 공연 수입은 대부분 뮤지션이 가져간다는 장점이 있다. 미국 콘서트 티켓 가격 평균이 100달러라면, 이 가운데 74달러는 뮤지션에게 돌아간다. 티켓 판매뿐 아니라 기업 스폰서 유치, 티셔츠 등 머천다이즈 판매 등을 통해 막대한 수익을 낼 수 있다. 뮤지션의 인기가 높을수록 배분되는 수익 비율도 높아진다. 티켓이 안 팔리면 공연을 취소하고 위약금을 내면 그만이다.

음반 판매 실적이 저조하고 디지털 음원 수입이 쥐꼬리만한 지금은 많은 아티스트들이 콘서트에 많은 시간과 노력을 쏟고 있지만, 롤링 스톤즈는 공연 사업의 중요성을 남들보다 훨씬 일찍 인식했다.

공연 사업을 가장 먼저 본격화한 만큼 공연 시장에서의 주도권도 확고하다. 공연 사업은 전적으로 노하우에 의해 좌우되기 때문이다. 경험이 축적될수록 더 좋은 공연을 만들 수 있게 되는 것이다. 롤링 스톤즈 콘서트는 회를 거듭할수록 완성도가 높아졌고, 관객들의 만족도가 올라갔으며, 이는 더 많은 티켓 판매로 이어지는 선순환을 낳았다.

따지고 보면, 오늘날 우리가 '콘서트'를 떠올릴 때 생각할 수 있는 모든 시스템은 롤링 스톤즈가 만든 것이나 다름없다.

이미 1969년에 최신형 앰프 시설을 구입해 스타디움 규모의 공연을 준비한 것만 보더라도 그렇다. 지금은 인기 뮤지션의 스타디움 콘서트가 일반화됐지만, 당시로서는 쉽지 않은 시도였다. 스타디움 콘서트는 비틀즈가 1965년 미국 뉴욕 셰이 스타디움(Shea Stadium)에서 5만 5,000명의 관객 앞에서 공연을 한 것이 최초로 기록돼 있다. 그러나 최적화된 스타디움 콘서트를 위해 직접 조명, 음향, 무대 장비를 밴드가 직접 조달해 세팅한 사례는 롤링 스톤즈가 처음이다. 그전까지는 공연장이 제공하는 장비를 사용하는 게 당연하게 여겨졌다.

최신 앰프와 조명을 설치한 롤링 스톤즈 공연은 사운드의 질부터 달랐다. 롤링 스톤즈의 1969년 북미 투어는 관객들이 밴드의 음악을 '들을 수 있게' 된 첫 이벤트였다는 평가를 받는다. 그전까지는 단지 라이브 공연을 '보는' 경험이었을 뿐 사운드는 형편없었다는 뜻이다.

스타디움 콘서트 시장을 개척한 롤링 스톤즈는 1980년대 들어 한 번 더 혁신을 꾀했다. 콘서트에 기업 스폰서를 유치한 것이다. 인기 가수의 공연에 기업들이 협찬을 하는 관행은 지금 기준으로는 너무나 당연한 얘기지만, 향수 업체 조반*(Jovan)*을 스폰서로 내세운 1981년 롤링 스톤즈의 〈American Tour 1981〉은 사상 처음으로 기업 협찬을 시도한 콘서트였다. 조반은 모든 공연 티켓에 회사 로고를 프린트하는 대가로 롤링 스톤즈 측에 50만 달러를 지불한 것으로 알려졌다. 롤링 스톤즈는 수억 원에 달하는 돈을 그냥 번 것이나 다름없다.

롤링 스톤즈는 1981년 9월 25일부터 12월 19일까지 미국 29개 도시에서 50회 공연을 하면서 250만 명 이상의 관객을 동원했다. 뉴올리언스 콘서트 당시 사용한 루이지애나 슈퍼돔에 모여든 관객 수는 8만 7,500명에 달했고, 이때 달성한 '미국 실내 공연 최다 관객' 기록은 이후 33년간 깨지지 않았다.

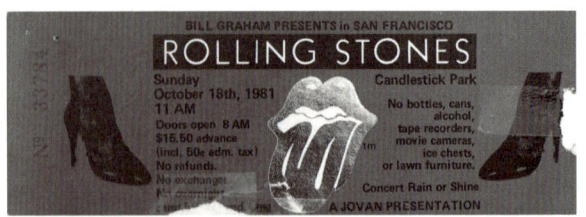

롤링 스톤즈 <American Tour 1981> 공연 티켓. 하단에는 후원사 조반이 언급돼 있다. ⓒalamy

그러나 혁신적인 시도와 몰려드는 관객에도 불구하고, 정작 롤링 스톤즈가 만지는 돈은 많지 않았다. 믹 재거는 2013년 7월 경영 전문지 〈포춘(Fortune)〉과의 인터뷰에서 "명백히 누군가는 돈을 벌었겠지만, 돈을 버는 것이 연주자는 분명히 아니었다. 아무리 성공해도 돈은 받지 못했다."라고 말했다. 공연 사업에 참여하는 이해관계자가 복잡하게 얽히면서 여기저기 돈이 줄줄 새어 나가고 있었던 것이다.

롤링 스톤즈의 공연 사업이 탄탄한 수익성을 확보한 것은 1989년 공연 프로모터인 마이클 콜(Michael Cohl)을 영입해 사업 구조를 대대적으로 뜯어고치면서부터다. 이전에는 각 지역의 로컬 프로모터를 통해 공연을 준비하고 해당 프로모터로부터 수수료를 받는 식이었다면, 콜은 로컬 프로모터를 배제하고 직접 모든 투어 계획을 짰다. 그는 또한 머천다이즈 판매를 늘리고 기업 스폰서를 대폭 확대하는 전략을 구사했다. 이를 통해 롤링 스톤즈의 공연 사업 매출은 기하급수적으로 늘어날 수 있었다.

새로운 시스템을 도입한 첫 투어인 〈Steel Wheels Tour〉는 1989년 8월 31일부터 1990년 8월 25일까지 미국과 유럽, 일본 등 세계 각지에서 진행됐다. 이 투어에서 롤링 스톤즈는 9,800만 달러를 벌었다. 물가상승률을 반영해 현재 돈 가치로 환산하면 약 2억 달러에 달하는 금액이다.

롤링 스톤즈가 2017년 9월부터 2021년 11월까지 유럽과 북미에서 진행한 〈No Filter Tour〉 투어는 총 58회의 콘서트를 통해 5억 4,651만 달러를 벌어들였다. 공연장 사용료, 공연 스태프 비용, 항공료, 세금 등을 제외하더라도 멤버들의 손자와 손녀들까지 평생 먹고살 만한 돈을 벌어들인 셈이다.

롤링 스톤즈가 그동안 공연 사업을 통해 번 순이익은 정확하게 집계되지 않지만, 적어도 멤버 1명당 1억 달러 이상씩

손에 쥐었을 것으로 업계 관계자들은 보고 있다.

롤링 스톤즈의 역사를 보면 콘서트에 집중한 사업 전략이 얼마나 시장에 적중했는지 알 수 있다. 롤링 스톤즈가 스타디움 콘서트를 본격 시작한 것은 1969년이고, 투어를 통해 천문학적인 돈을 벌기 시작한 것은 1989년이다. 1969년은 롤링 스톤즈가 인기의 정점을 향해 달려가고 있을 때이고, 1989년은 롤링 스톤즈의 인기가 시들면서 하드록과 헤비메탈이 대중적인 인기를 끌던 시기이다. 롤링 스톤즈는 가장 잘나가던 시절에 미래를 내다보고 준비했다는 뜻이다. 그 20년의 세월 동안 많은 노장 밴드가 잊혀 갔지만, 롤링 스톤즈는 '록 밴드'에서 '콘서트 기업'으로 변신을 꾀했다. 그리고 이러한 변신은 완벽하게 성공적이었다.

콘서트 기업으로 거듭난 롤링 스톤즈는 지금도 전성기에 못지않은 인기를 끌고 있다. 2022년에는 20회에 걸친 공연을 통해 1억 7,935만 달러, 약 2,280억 원의 매출을 올렸다. 배드 버니*(Bad Bunny)*, 엘튼 존*(Elton John)*, 에드 시런*(Ed Sheeran)*, 해리 스타일스*(Harry Styles)*, 콜드플레이*(Coldplay)*에 이은 6위다. 다만 공연 1회당 매출은 롤링 스톤즈가 압도적으로 높다.

빌보드 톱 투어 차트(Billboard Top Tour Chart 2022)

1. 배드 버니(Bad Bunny) - $373,463,379(65회 공연)
2. 엘튼 존(Elton John) - $334,385,023(84회 공연)
3. 에드 시런(Ed Sheeran) - $246,287,916(63회 공연)
4. 해리 스타일즈(Harry Styles) - $214,408,180(71회 공연)
5. 콜드플레이(Coldplay) - $208,000,727(40회 공연)
6. 롤링 스톤즈(The Rolling Stones) - $179,349,815(20회 공연)
7. 레드 핫 칠리 페퍼스(Red Hot Chili Peppers) - $176,998,650(31회 공연)
8. 데프 레퍼드와 머틀리 크루(Def Leppard and Mötley Crüe) - $173,474,649(35회 공연)
9. 케니 체스니(Kenny Chesney) - $135,046,047(41회 공연)
10. 위켄드(The Weeknd) - $131,056,262(19회 공연)

2024년 5월 24일, 미국 뉴저지 메트라이프 스타디움에서 열린 롤링 스톤즈 콘서트. ⓒalamy

믹 재거는 1975년 미국 주간지 〈피플(*People*)〉과의 인터뷰에서 "45살이 되도록 〈(I Can't Get No) Satisfaction〉을 부르느니 차라리 죽겠다."라고 말했다. 32살의 재거는 45살이 머나먼 미래로 느껴졌나 보다. 그는 45살 무렵이 되자 "평생 록스타로 사는 건 원치 않는다."라고 했다. 그러면서 엘비스 프레슬리를 예로 들었다. 한물간 가수들이 무대에 서는 라스베이거스에서 주부들을 상대로 노래하면서 인생을 마감하고 싶지 않다는 말도 덧붙였다.

재거는 80살이 넘은 아직까지도 〈(I Can't Get No) Satisfaction〉을 부르고 있지만, 그가 지금 서는 무대는 젊은 시절 걱정했던 라스베이거스의 작은 무대와는 거리가 한참 멀다. 여전히 롤링 스톤즈는 전 세계 최대 도시의 가장 큰 스타디움을 꽉 채우는 슈퍼스타로 살고 있다. 그들이 공연 사업을 주력으로 키우지 않았다면 불가능했을 일이다.

시크릿 경영 노트

IBM의 전 CEO 샘 팔미사노(Sam Palmisano) 회장은 2011년 IBM 창립 100주년 기념 연설에서 "기업이 지속 가능하려면 사업 모델이나 기술에서 이룩한 성공에 얽매이지 않아야 한다."라고 말한 바 있다. 기업의 주력 사업이 계속해서 변화하며 진화해야 한다는 말이다.

롤링 스톤즈는 초기의 성공에 결코 안주하지 않았다. 다른 뮤지션과 밴드들이 음반 판매에 열을 올리는 동안, 롤링 스톤즈의 사업 모델은 공연으로 중심 이동했다. 자신들이 가장 잘하는 '핵심 역량(core competence)'에 집중하기로 한 것이다.

롤링 스톤즈는 이렇게 음반과 공연으로 사업을 다각화함으로써 안정적인 수익 구조를 구축할 수 있었다. 또한 음향과 조명 등의 혁신을 통해 공연 사업의 경쟁력을 확보한 것은 고객 만족으로 이어지며 브랜드 가치를 극대화했다.

롤링 스톤즈의 사업 모델 변화는 단순한 수익 포트폴리오 조정이 아니었다. 그것은 시장의 변화를 냉정하게 받아들이고, 자신들의 역량을 '어디에 집중해야 할지'를 새롭게 정의한 전략적 판단이었다.

결국 지속 가능한 조직이란, 정체성은 지키되, 방법은 끊임없이 바꿀 수 있는 유연성을 가진 조직이다.

샘 팔미사노의 말처럼, 기업이 100년을 살아남으려면 기술이나 제품 자체가 아니라, 자신을 끊임없이 재정의할 수 있는 힘이 필요하다. 롤링 스톤즈는 그 힘을 음반이 아닌 무대에서 보여준 것이다.

새로운 시장에서
기회를 찾아라

: 공연장에서 티셔츠를 판매하겠다는 발상의 전환

    미국이나 유럽, 일본에서 유명 밴드나 가수의 콘서트가 열리는 공연장에는 머천다이즈를 구입하기 위해 길게 늘어선 줄을 흔히 볼 수 있다. 줄이 하도 길어서 몇 시간씩 서 있다가 정작 공연을 늦게 관람하는 경우도 생길 정도이다. 한국에서도 콘서트장에서 머천다이즈를 판매하는 아티스트들이 하나둘씩 늘어나며 콘서트 시작 몇 시간 전부터 줄을 서는 것이 일반적인 공연 문화로 자리를 잡아가고 있다.

    아티스트들이 머천다이즈 판매에 열을 올리는 이유는 간단하다. 돈이 되기 때문이다. 2022년 8월 영국 런던 O2에서 열린 트래비스 스코트(Travis Scott)의 콘서트에선 티셔츠와 후드티 등 100만 달러어치의 투어 머천다이즈가 판매됐다. 2018년 10월 BTS가 같은 장소에서 공연을 하면서 기록한 머천다이즈 매출을 넘어서며 투어 머천다이즈 역사상 최대 매출을 경신했다.

투어 머천다이즈의 꽃은 투어 티셔츠라고 할 수 있다. 투어 티셔츠에는 뮤지션이나 밴드의 로고와 공연 날짜 및 장소 등이 프린트돼 있다. 공연 현장에서만 구할 수 있는 희귀성, 아티스트에 대한 충성심 표현, 팬들끼리의 유대감 형성 등 여러 가지 이유에서 관객들은 투어 티셔츠를 구입한다. 뮤지션 입장에서는 돈벌이가 될 뿐 아니라 걸어 다니는 광고판이 수천, 수만 개 생기는 셈이다.

뮤지션이나 밴드의 로고를 프린트한 티셔츠가 언제부터 만들어졌는지는 정확하지 않다. 다만 1956년 엘비스 프레슬리의 소속사가 그의 싱글 음반 발매를 홍보하기 위해 만든 것이 공식적으로는 최초로 기록돼 있다.

공연장에서 판매하는 티셔츠로 범위를 좁혀 보면 1964년 비틀즈가 미국 투어를 기념하기 위해 팬들을 위한 티셔츠를 제작한 바 있다. 1967년에는 몽키스*(The Monkees)*가 투어 티셔츠를 만들어 판매했다. 이를 지켜보며 투어 티셔츠가 돈이 된다고 생각한 록 음악 프로듀서 빌 그레이엄*(Bill Graham)*은 1968년 윈터랜드 프로덕션*(Winterland Productions)*이라는 티셔츠 회사를 설립해 비비 킹*(B.B. King)*, 후*(The Who)* 등의 콘서트에서 머천다이즈를 판매했다.

하지만 이때까지만 해도 투어 티셔츠 시장은 크지 않았다. 사실상 시장이라고 할 것이 형성되지 않았다고 보는 게 맞다. 일부 밴드와 뮤지션들이 티셔츠를 판매했지만, '이런 걸 팔아서 돈 버는 사람도 있구나.'라고 생각하고 넘어갈 정도의 작은 규모였다. 심지어 일부 뮤지션들은 공연장에서 티셔츠를 판매하는 것을 꺼리기도 했다. 음악인으로서 체면이 떨어진다는 이유에서다.

2022년 6월 13일, 네덜란드 암스테르담에서 열린 롤링 스톤즈 콘서트에서 관람객들이 티셔츠를 구입하고 있다. ⓒalamy

그러나 성공적인 기업가는 기회를 빠르게 인식하고 이를

실행에 옮긴다. 롤링 스톤즈는 투어 티셔츠 시장의 성장성을 재빨리 알아봤다. 마침, 1971년 ≪Sticky Fingers≫ 앨범에 처음 도입된 '텅 앤드 립스' 로고는 티셔츠에 프린트하면 안성맞춤인 디자인이었다. 롤링 스톤즈는 티셔츠 제작에 착수했고, 예상대로 텅 앤드 립스 로고가 그려진 티셔츠는 공연장에서 불티나게 팔렸다. 롤링 스톤즈 입장에서는 별로 큰 노력을 들이지 않고 돈이 들어오는 일을 마다할 이유가 없었다. 이후 롤링 스톤즈 공연장에서 티셔츠를 판매하는 것은 하나의 관행으로 자리를 잡았다.

롤링 스톤즈가 1981년에 진행한 〈American Tour 1981〉은 세계 최초의 밴드 티셔츠 회사를 차렸던 빌 그레이엄이 프로모션을 담당했다. 머천다이즈 사업이 돈이 된다는 걸 아는 두 팀이 만났으니 투어 티셔츠 매출은 폭발적이었다. 특히 1980년대 들어 롤링 스톤즈의 공연 규모는 이전에 비해 비약적으로 커졌기 때문에 티셔츠 판매량도 기하급수적으로 증가했다.

투어 티셔츠 판매로 재미를 본 롤링 스톤즈는 포스터, 액세서리 등으로 머천다이즈 품목을 확대했다. 공연장에서만 구입할 수 있는 한정판 아이템으로 팬들의 호주머니를 공략했고, 투어를 도는 도시를 위한 특별한 아이템을 선보이며 머천다이즈 사업을 본격 전개했다.

현재 롤링 스톤즈의 투어 머천다이즈는 티셔츠, 야구 모자, 후드티, 보머 재킷 등 의류는 물론, 머그잔, 열쇠고리, 골프용품 등 상상할 수 있는 모든 제품을 망라한다.

2000년대 이후에는 온라인 스토어를 통해 전 세계 팬들이 공연장에 오지 않고도 머천다이즈를 구입할 수 있도록 했다. 2020년 코로나19 팬데믹으로 인해 〈No Filter Tour〉가 중단됐을 때도 롤링 스톤즈의 머천다이즈 판매는 멈추지 않았다.

롤링 스톤즈의 머천다이즈는 원래 투어와 연계된 사업이었지만, 점차 아예 투어와 상관없이 판매하는 아이템으로 확대됐다. 또한, 슈프림(Supreme), 자라(ZARA), H&M 등 패션 브랜드와 협업한 머천다이즈 제품도 내놓았다.

살펴본 바와 같이, 오늘날 콘서트 문화의 일부가 된 머천다이즈 시장을 처음 개척한 것은 롤링 스톤즈였다. 롤링 스톤즈의 머천다이즈 사업 역사는 그들의 음악적 혁신만큼이나 비즈니스적인 통찰력을 보여주는 사례라고 볼 수 있다.

미국에서 한 해 동안 판매되는 투어 머천다이즈는 120억 달러 규모로 집계된다. 인기에 따라 다르기는 하지만, 아티스트들의 연간 전체 매출에서 투어 머천다이즈가 차지하는 비중은 10~35%가량이라고 한다. 이 시장을 개척한 롤링 스톤즈는 대중음악 아티스트가 음반과 공연 외에서 막대한 매출을 올릴 수 있는 장을 마련해 준 것이나 다름없다.

뮤지션이 15달러를 벌기 위해선 스포티파이에서 3000번 이상 음악이 재생돼야 하는데, 투어 티셔츠는 한 벌만 판매해도 같은 돈을 벌 수 있으니 상당수 아티스트가 투어 머천다이즈 판매에 열을 올리는 현상은 전혀 이상할 게 없다. 심지어 인기 아티스트의 티셔츠는 1개당 35~50달러에 판매된다.

투어 머천다이즈는 초기에는 록 밴드들의 전유물 같은 것이었지만, 지금은 팝 스타들도 거나할 것 없이 티셔츠 등 머천다이즈 판매로 쏠쏠한 재미를 보고 있다.

롤링 스톤즈가 머천다이즈를 통해 돈을 버는 것은 애플이 앱 스토어*(App Store)*로 막대한 수익을 창출하는 것과도 비슷하다. 전에 없던 새로운 생태계를 만들었다는 점에서다.

앱 스토어는 애플의 제품에서 사용되는 응용 프로그램을 판매하는 플랫폼이다. 2008년 7월에 개장했으며, 처음에는

3 매출을 늘리고 이익을 남겨라

500개의 애플리케이션으로 시작했다. 개장 이후 주말 동안 무려 1,000만 다운로드 횟수를 기록하며 가능성을 입증했다.

앱 스토어는 개장 15주년을 맞은 지난 2022년 한 해 동안 1조 1,000억 달러의 매출을 기록했다. 이 가운데 실물 상품 및 서비스 판매가 9,100억 달러, 인앱 광고가 1,090억 달러, 디지털 상품 및 서비스 판매가 1,040억 달러를 각각 차지했다. 앱 스토어의 매출은 90% 이상이 개발자들에게 돌아가지만, 애플은 수수료만으로도 한 해에만 1,000억 달러가량 벌어들인 것이다.

롤링 스톤즈가 음반 판매와 공연 개최 이외에도 머천다이즈를 통해 수익을 창출한 것과 마찬가지로 애플은 앱 스토어라는 생태계를 만들어 지속적인 수익을 낼 수 있는 구조를 만들었다.

이러한 전략은 다른 기업들의 사례에서도 종종 포착된다. 할리 데이비슨(Harley-Davidson)은 1980년대 이후 오토바이 사업의 수익성이 악화되자 레더 재킷, 티셔츠, 헬멧, 부츠 등 라이프 스타일 제품군을 선보여 라이더 커뮤니티를 공략했다. 현재 할리 데이비슨의 라이프 스타일 사업은 전체 매출의 20% 이상을 차지하고 있다. 루이비통(Louis Vuitton)은 원래 19세기 중반 여행용 가방 브랜드로 출발했지만, 이후 여행 산업의 부흥을 틈타 여행과 관련된 다양한 제품을 선보이며 럭셔리 패션 브랜드로 거듭났다.

시크릿 경영 노트

시장은 본질적으로 경쟁의 장이다. 기업은 동일한 수요를 놓고 경쟁자들과 자원을 배분하며 생존을 모색한다. 그러나 시장의 수요는 제한돼 있다. 경쟁자가 많아질수록 나눠 가질 수 있는 몫은 줄어들고, 이는 곧 수익성의 하락으로 이어진다. 따라서 경쟁이 치열한 '레드오션'에서는 성장을 지속하기 어렵다. 돌파구는 '새로운 시장의 창출'이다.

기업은 기존 시장에서의 점유율 확대만으로는 한계에 봉착할 수밖에 없다. 수요를 새롭게 창출하고, 자사가 주도할 수 있는 독립적인 시장을 개척해야 한다. 이는 단순한 제품 다각화가 아니라, 비즈니스 모델 자체의 전환을 의미한다.

롤링 스톤즈는 이러한 전략적 전환의 대표 사례다. 대다수 밴드가 음반 판매 중심의 수익 모델에 의존하던 시기에 롤링 스톤즈는 공연 사업으로 무게 중심을 이동시켰다. 그들은 투어 자체를 하나의 브랜드로 만들었으며, 고도화된 운영 전략을 바탕으로 공연을 고부가가치 사업으로 전환했다.

투어는 단순한 이벤트가 아닌, 고객 경험 중심의 비즈니스 플랫폼이 되었다. 롤링 스톤즈는 이 플랫폼을 기반으로 머천다이즈 사업을 연계했다. 투어 로고가 삽입된 티셔츠, 모자, 포스터, 기념품 등 다양한 상품군은 공연의 여운을 연장시키는 동시에 안정적인 수익원을 제공했다. 결과적으로 그들은 기존의 음반 시장이라는 레드오션을 벗어나, 경험 기반 수익 모델이라는 새로운 '블루오션'을 창출했다.

경영학자 피터 드러커는 "비즈니스의 본질은 고객을 창출하는 것이다."라고 말했다. 이는 단지 고객의 니즈를 충족시키는 것을 넘어, 새로운 수요와 시장을 스스로 만들어내야 한다는 의미다. 롤링 스톤즈는 이 원칙을 실제로 구현했다. 그들은 시장의 제약을 돌파하고, 자신들만의 방식으로 고객을 창출하며, 지속 가능한 경쟁 우위를 확보했다.

이 사례는 기업이 직면한 시장 포화의 문제를 해결하기 위한 하나의 전략적 해답을 제시한다. 차별화된 경험 설계, 브랜드 중심의 확장 전략, 플랫폼화된 운영 구조는 오늘날의 기업 경영에서도 유효한 인사이트를 제공한다. 단순히 '잘하는 것'을 넘어서, '새로운 시장을 만들어내는 것'이야말로 지속 가능한 성장을 이끄는 핵심 전략임을 이 사례는 명확히 보여준다.

4

끊임없이
변화를
추구하라

관성의 법칙을 깨라

: '록부심'을 버리고 디스코에 몸을 맡긴 지혜

2000년대 중반까지만 해도 휴대전화 시장의 최강자는 핀란드 기업 노키아(Nokia)였다. 1990년대 시장 1위였던 미국 모토로라(Motorola)는 노키아에 선두를 빼앗겼고, 한국의 삼성전자와 LG전자는 아무리 노력해도 선두권과의 격차를 좁히기 어려웠다. 상황이 바뀐 건 2007년 애플이 아이폰을 출시하면서다.

아이폰이라는 물건이 세상에 나온 이후 바야흐로 스마트폰 시대가 도래했다. 기존의 휴대전화가 음성 통화와 문자 메시지를 주 기능으로 하는 '전화기'였다면, 스마트폰은 사실상 휴대전화 기능을 탑재한 '컴퓨터'라고 해도 될 정도로 다양한 기능을 갖췄다. 제조업체가 제공하는 소프트웨어를 사용하는 데에 그치지 않고 사용자가 직접 애플리케이션(앱)을 설치해 사용할 수 있도록 한 것도 중요한 특징이다. 소비자들은 이 새로운 물건에 기꺼이 지갑을 열었다.

이렇게 스마트폰이라는 새로운 시장이 열렸지만, 노키아는 피처폰 선두 업체라는 자신감만 갖고 안일하게 대응했다. 노키아의 스마트폰용 운영 체제(OS) 개발은 계속 미뤄졌고, 경영진의 의사 결정은 갈피를 잡을 수 없었다. 이렇다 할 스마트폰 하나 내놓지 못한 채 노키아는 매출이 곤두박질치고 적자가 확대됐다. 결국 2013년 9월 노키아는 마이크로소프트(MS)에 매각됐다. 그러나 MS도 감당하기 어려웠는지 3년 뒤 노키아 브랜드를 HMD와 폭스콘에 분할 매각했다. 휴대 전화 1위 업체였던 노키아가 시장에서 자취를 감추기까지는 그리 오랜 시간이 걸리지 않았다.

노키아의 사례는 아무리 1등 기업이라고 하더라도 시대의 흐름에 올라타지 못하면 결국 도태된다는 교훈을 준다. 그렇게 도태된 기업이 한둘이 아니다. 카메라용 필름 시장의 선두 업체였던 코닥(Kodak), 비디오테이프 대여점 1위 업체였던 블록버스터(Blockbuster) 등 헤아릴 수 없이 많다.

반면, 시대의 흐름을 잘 파악한 기업들은 새로운 기회를 찾는다. 코닥과 경쟁 관계였던 필름 제조업체 후지필름

*(Fujifilm)*이 좋은 예라고 할 수 있다. 후지필름은 1990년대 말 필름을 인화해 사진을 현상하는 카메라 시대가 끝나간다는 점을 간파하고 디지털카메라 기술을 자체 개발했다. 카메라 기능이 강화된 스마트폰이 출시되면서 매출이 줄어들긴 했지만, 후지가 만든 콤팩트형 디지털카메라 파인픽스*(FinePix)*나 디지털 일안 반사식 카메라(DSLR)는 지금도 꾸준한 매출을 올리고 있다.

비디오 대여점 블록버스터의 서비스에 불만을 품고 1997년 창업한 넷플릭스는 처음엔 온라인 DVD 대여점으로 출발했지만, 그로부터 10년 뒤 스트리밍 서비스를 발이 빠르게 제공하며 현재의 온라인 동영상 플랫폼(OTT)으로 점차 변신했다.

삼성전자도 빼놓을 수 없다. 시장 수요의 변화를 빠르게 받아들이고 스마트폰 개발에 주력한 결과 지금은 애플의 출하량을 뛰어넘는 스마트폰 업체가 됐다.

물론 변화라는 게 말처럼 쉬운 일이 아니다. 기업에는 지금의 성공을 가능하게 만든 '관성'이 존재하는데, 이것을 깨는 게 만만치 않기 때문이다. 오죽했으면 『기업 패러다임의 변혁』 저자인 카고노 타다오*(加護野忠男)* 일본 고베대학 명예 교수는 "기업의 발전 과정은 관성(慣性)과의 투쟁이다."라고 말했을까.

관성이란 물체에 작용하는 힘의 총합이 0일 때 운동의 상태를 유지하려는 경향을 말한다. 쉽게 말해 모든 물체는 지금의 상태를 그대로 유지하려는 성질이 있다는 얘기이다. 정지한 물체는 계속 정지해 있으려고 하고, 움직이는 물체는 원래의 속력과 방향을 그대로 유지하려고 한다. 정지한 물체를 움직이게 하려면 상당한 힘을 가해야 하고, 움직이는 물체의 방향을 바꾸기 위해선 더 큰 힘을 가해야 한다.

조직에도 관성이 있다. 하던 대로 하면 어느 정도의 성과가 나오니까 굳이 변화하려고 하지 않는 것이다. 그러나 변화하지 않고 움직이지 않는 기업은 살아남기 어렵다. 새로운 기술이나 서비스로 무장한 경쟁사들이 시장을 노리고 있기 때문이다. 문제는 관성을 깨는 게 쉽지 않다는 데에 있다. 노키아가 몰락한 이유도, 코닥이 망한 이유도 관성의 저항에 직면했기 때문이라고 볼 수 있다.

록 음악으로 성공 가도를 달리던 롤링 스톤즈도 어느 순간 관성과 싸워야 하는 때가 왔다.

대중음악 시장의 유행은 매우 **빠르게 바뀐다**. 올해 인기를 끄는 장르가 5년 뒤, 10년 뒤는커녕 당장 내년에 유행할 수 있을지 아무도 장담할 수 없다. 특정 장르가 어느 정도 기간 동안 유행을 탄다고 하더라도, 갈수록 치열해지는 경쟁 속에서 특정 가수나 밴드가 오래 인기를 유지하기는 어렵다.

1960년대 중반까지는 보컬과 기타, 베이스, 드럼으로 구성된 영국 록 밴드라면 웬만하면 인기를 끄는 게 가능했다. 히트곡 한두 곡쯤 갖고 미국에 가서 공연을 하면 더 많은 돈을 벌 수도 있었다. 하지만 너무 많은 밴드가 너무 짧은 시간 안에 등장했고, 1960년대 말부터 록 음악이 점차 다양한 장르로 발전하면서 단지 록 밴드를 하는 것만으로는 주목을 받기 힘든 세상이 됐다. 요즘 글로벌 K팝 열풍 속에 우후죽순처럼 생겨나는 한국의 걸그룹이나 보이그룹을 생각해 보면 이해가 쉽겠다.

록 음악이 세분화되고, 펑크 록, 헤비메탈 등이 인기를 끄는 동안에는 롤링 스톤즈도 그나마 버틸 수 있었다. 비틀즈와 함께 록의 시대를 연 '원조'이자 '근본'이라는 위상은 흔들리지 않았기 때문이다. 롤링 스톤즈가 없었다면 블랙 사바스도, 레드 제플린도 탄생할 수 없었다는 걸 음악 팬들은 잘 알았다.

그런데 1970년대에는 그동안 대중음악 시장을 평정하고 있던 록 음악을 위협하는 아예 새로운 장르가 떠오르기 시작했다. 단숨에 젊은이들을 사로잡은 음악은 바로 디스코였다. 1970년대 중반 미국 필라델피아와 뉴욕을 중심으로 등장한 디스코는 펑크(funk)와 소울(soul), 팝(pop), 살사(salsa) 등 다양한 장르의 요소를 결합해 빠르고 경쾌한 리듬감을 강조했다. 1977년 존 트라볼타(John Travolta) 주연의 영화 〈토요일 밤의 열기(Saturday Night Fever)〉가 세계적으로 인기를 얻으면서 이 영화에 삽입된 디스코 음악이 널리 알려졌다.

유행하는 음악에는 돈이 따랐다. 비 지스(Bee Gees), 보니 엠(Boney M.), 도나 섬머(Donna Summer), 빌리지 피플(Village People) 등은 디스코 음악으로 막대한 음반 판매고를 올렸다.

대중음악 시장의 수요는 한정돼 있다. 누군가가 디스코를 듣게 됐다는 것은 그가 록 음반을 사지 않게 됐고, 록 밴드 공연에 가지 않게 됐다는 것을 뜻한다. 음반과 공연은 뮤지션의 주요 수입원이다. 밥그릇을 둘러싸고 록과 디스코는 갈등 관계가 될 수밖에 없었다는 뜻이다. 전쟁의 선봉에 선 것은 다름 아닌 팬들이었다. 록 음악 팬들은 디스코를 동성애자들이 듣는 열등한 음악으로 치부하고 경멸하기가 일쑤였다. '록부심(록에 대한 자부심)'으로 무장한 팬들은 '디스코는 형편없다 (Disco Sucks)'라거나 '디스코에 죽음을(Death to Disco)' 같은 과격한 슬로건을 내걸고 디스코와의 전쟁을 벌였다.

이런 가운데 롤링 스톤즈의 고민은 깊어져 갔다. 디스코라는 새로운 인기 장르를 무시하기에는 시장이 너무도 빠르게 커지고 있었기 때문이다. 그렇다고 록 밴드라는 정체성을 송두리째 흔들 수도 없는 노릇이었다.

롤링 스톤즈의 1978년 앨범 《Some Girls》

딜레마 속에서 결국 롤링 스톤즈는 쉽지 않은 결단을 내렸다. 관성을 버리고 시대의 변화를 일부분이나마 수용하기로 한 것이다. 록의 제왕으로 군림하던 밴드의 입장에서 자존심을 구길만한 일이었지만, 롤링 스톤즈는 과감하게도 대중의 인기를 추구하는 길을 선택했다. 비록 본업은 아니지만, 더 많은 돈을 벌 수 있는 새로운 시장에 진출하는 전략을 짠 것이다.

롤링 스톤즈는 디스코의 인기가 절정에 달했던 1978년 5월, 신곡 〈Miss You〉를 발표했다. 앨범 ≪Some Girls≫에 앞서 선공개된 이 싱글은 디스코 팬들을 의도적으로 겨냥한 경쾌한 리듬의 곡이었다. 물론 〈Miss You〉는 장르로 따지자면 록이다. 신시사이저를 적극 활용한 디스코 음악과는 분명한 차이가 있었다. 하지만 4분의 4박자 비트와 멜로디가 강조된 베이스라인, 일렉트릭 피아노 등의 악기 사용을 통해 누가 들어도 디스코 노래 같은 분위기를 냈다. 디스코 느낌을 충분히 살리기 위해 레코딩 작업에는 윌리처 일렉트릭 피아노, 테너 색소폰, 하모니카 등을 연주하는 게스트 뮤지션이 참여하기도 했다.

롤링 스톤즈는 이 곡이 디스코 팬들을 겨냥했다는 점을 굳이 숨기지 않았다. 롤링 스톤즈의 드러머 찰리 와츠는 '디스코에서 큰 영향을 받은 곡'이라고 설명했다. 더 나아가 기타리스트 키스 리처즈는 '아주 좋은 디스코 음악'이라고 자찬하며 '그걸 계산하고 만든 것'이라고 말했다. 롤링 스톤즈는 아예 ≪Miss You(Special Disco Version)≫이라는 제목의 디스코 리믹스 음반을 내놓기도 했다.

비록 골수팬들로부터 '변절자'라는 비난을 듣기도 했지만, 롤링 스톤즈의 전략은 맞아떨어졌다. 〈Miss You〉는 미국 〈빌보드 핫 100〉 차트 1위에 올랐고, 영국 싱글 차트에서는 3위를 기록했다. 롤링 스톤즈는 1980년에 발표한 앨범 ≪Emotional Rescue≫를 통해서도 디스코 풍의 곡을 선보이며 인기몰이를 이어갔다.

사실 롤링 스톤즈가 디스코의 영향만 받은 것은 아니다. ≪Some Girls≫ 발표 당시 미국과 영국의 대중음악 트렌드는 매우 빠르게 변화하고 있었다. 오일 쇼크로 일자리를 잃은 노동자들 사이에선 분노에 찬 펑크 록이 인기를 끌고 있었다. 롤링 스톤즈는 디스코 풍의 〈Miss You〉를 작곡하는 한편, 〈Lies〉 등 일부 수록곡에는 펑크 록의 에너지를 심었다. 결국, 롤링 스톤즈는 시대의 트렌드를 적극적으로 버무린 앨범을 만든 것이다.

롤링 스톤즈의 보컬리스트 믹 재거는 록 음악이 다른 형태의 리듬을 흡수해야 한다고 주장한 바 있다. 음악의 바탕이 되는 리듬은 유행처럼 바뀌기 때문에 계속해서 사람들이 몸을 흔들 수 있는 음악을 만들어야 한다는 게 그의 음악 철학이다. ≪Some Girls≫에 다양한 음악적 시도가 담긴 것을 이해할 수 있는 대목이다.

다만 디스코의 인기는 오래 가지 않았다. 1980년대 초반 들어 디스코 열기는 급격하게 식었다. 그러자 롤링 스톤즈는 1981년 앨범 ≪Tattoo You≫에서 다시 본연의 정통 록 사운드로 회귀했다. 시류에 올라탔다가도 빠르게 복귀할 수 있었던 것은 롤링 스톤즈가 어떤 음악을 만들든 록이라는 정체성을 버리지 않았기 때문에 가능했다.

시크릿 경영 노트

잭 웰치 전 제너럴일렉트릭(GE) CEO는 "변화에 적응하지 않으면 사라질 것이다. 변화를 끌어안는 것이 곧 혁신의 핵심이다."라고 말했다. 그는 GE를 20년간 이끌며 1980~1990년대 미국 산업계의 대표적 혁신 CEO로 꼽혔고, 그의 이 발언은 기존 성공에 안주하지 않고 스스로를 먼저 흔들 수 있어야 한다는 경영 전략의 본질을 보여준다. 웰치 외에도 많은 경영 구루들은 변화에 민감하게 반응해야 기업이 존속할 수 있다고 봤다.

넷플릭스가 그랬고 삼성전자가 그랬던 것처럼, 롤링 스톤즈 역시 시대의 흐름을 잘 읽고 끊임없이 변화를 시도하며 장수의 토대를 마련했다.

롤링 스톤즈의 사례는 관성에 빠지지 않고 시장의 변화를 수용하며, 핵심 정체성을 지키면서도 혁신을 추구하는 경영 전략이 기업의 장기적 성공에 얼마나 중요한지를 잘 보여준다. 이러한 변화는 항상 순탄한 것은 아니었다. 팬들의 반발도 있었고, 내부 멤버 간의 음악적 충돌도 있었다. 하지만 롤링 스톤즈는 기존의 고유한 사운드와 이미지를 완전히 버리기보다는, 변화하는 시대감각 위에 정체성을 변주하는 방식으로 생존 전략을 구성했다. 이 점이 롤링 스톤즈가 단순한 유산을 넘어 현재까지도 어마어마한 수익을 창출하고 있는 '살아 있는 브랜드'가 된 이유다.

결국, 롤링 스톤즈의 사례는 관성에 빠지지 않고 시장의 변화를 수용하되, 핵심 정체성은 지켜낸 조직만이 장기적으로 살아남을 수 있다는 교훈을 준다. 그들은 '변하지 않는 것'으로 오래 버틴 것이 아니라, '끊임없이 변했기 때문에' 살아남았다. 이는 어느 시대, 어떤 산업의 조직에도 동일하게 적용되는 원칙이다.

시대 가치의
변화에 따르라

: 히트곡을 부르지 않기로 한 결정의 의미

사회의 변화에 따라 경영 전략이 바뀌어야 하는 경우는 수없이 많다. 과거에는 별다른 문제가 되지 않았던 일이 지금은 기업의 존폐를 좌우하기도 한다. 특히 젠더 감수성(*gender sensitivity*)은 21세기 들어 가장 부각되는 이슈라고 할 수 있다. 젠더 감수성에 대한 사회적 요구가 높아지면서 기업들은 과거의 잘못된 관행을 버리고 제품과 서비스를 근본적으로 수정하는 대응 전략을 수립하고 있다.

대표적인 사례가 바비(*Barbie*) 인형이다. 바비 인형은 1959년 미국 장난감 업체 마텔(*Mattel*)이 출시한 이후 수십 년 동안 전 세계적으로 큰 인기를 끌며 '이상적인 여성'의 모습을 상징하는 장난감으로 자리 잡았다. 그러나 시간이 흐르면서 바비 인형에 대한 비판 여론이 생겨나기 시작했다. 바비 인형의 비율은 실제 여성에게 불가능한 신체를 제시한다는 지적이 가장 먼저 나왔다. 또 바비의 직업이나 역할이 남성 중심적인 사회 구조에서 여성을 종속적인 존재로 묘사하는 경향이 있다는 비난도 이어졌다.

특히 1980년대부터 1990년대에 이르러 페미니즘 운동과 젠더 감수성에 대한 논의가 활발해지면서 바비 인형이 소녀들에게 미치는 영향에 대한 비판의 목소리가 높아졌다. 이에 마텔은 점진적으로 바비 인형의 신체 이미지와 직업 다양성을 확장하고자 하는 노력을 기울였다. 1990년대 중반부터 마텔은 의사, 파일럿, 정치인 등 다양한 직업을 반영한 바비 인형을 선보이기 시작했다. 이는 소녀들에게 더 넓은 직업적 꿈을 꾸게 하고, 성 역할 고정 관념을 깨려는 시도의 일환이었다.

2016년에는 더 큰 변화를 선언했다. 다양한 체형의 바비 인형을 처음으로 출시한 것이다. 이는 50년 넘게 고정돼 있던 바비의 신체 이미지를 깨뜨린 중대한 변화였다. 마텔은 새로운 바비 인형 라인에서 다양한 체형, 피부색, 머리 색상, 눈 모양 등을 도입하며 다양성을 강화했다. 기존 바비보다 풍만한 '커비 바비(Curvy Barbie)', 키가 큰 '톨 바비(Tall Barbie)', 작은 체형을 가진 '쁘띠 바비(*Petite Barbie*)'가 이때 출시됐다.

아울러 마텔은 다양한 피부색과 인종을 가진 바비 인형을 선보이며 더 포괄적인 여성 이미지를 그리려고 노력했다. 예를 들어 흑인, 아시아인, 라틴계 인형들이 추가됐고, 다양한 문화적 배경을 반영한 옷과 액세서리도 도입됐다.

마텔의 이러한 변화는 긍정적인 반응을 얻었다. 비현실적인 미적 기준을 해체하고, 포용적이고 다양성을 존중하는 방향으로 나아갔기 때문이다. 바비 인형의 변화는 장난감 산업 전반에 걸쳐 신체 이미지와 역할 모델에 대한 사회적 논의를 촉진시켰다는 평가를 받는다.

롤링 스톤즈가 <Brown Sugar>를 부르지 않기로 했다는 소식을 전한
2021년 10월 14일 자 <데일리 메일> 신문.

롤링 스톤즈 역시 젠더 감수성에 대한 인식 변화로 인해 기존의 퇴폐적이고 향락적인 이미지를 어느 정도 수정해야 했다. 최대 히트곡 중 하나인 〈Brown Sugar〉를 더 이상 부르지 않기로 한 결정이 대표적이다. 이 곡은 ≪Sticky Fingers≫ 앨범의 오프닝 트랙이자 리드 싱글로, 1971년 4월 16일 발매와 동시에 미국과 캐나다에서 1위를 차지했고, 대중음악 전문지 〈롤링 스톤(Rolling Stone)〉이 2010년 발표한 '역사상 가장 위대한 500곡(The 500 Greatest Songs of All Time)'에서 495위에 오른 명곡이다. 롤링 스톤즈 레코드를 통해 처음 발매된 싱글이라는 점에서 밴드의 역사에서 차지하는 의미도 상당히 크다.

그러나 이 곡은 발매 당시부터 논란이 있었다. 'Brown Sugar'를 직역하면 '흑설탕'이라는 의미이지만, '흑인 여성'을 뜻하는 은어이기도 하기 때문이다. 마약의 일종인 '헤로인'을 지칭하기도 한다. 중의적인 표현이라고 아무리 주장해도, 가사를 보면 흑인 여성을 주제로 한 점이 분명해 보인다. 심지어 원래 이 노래에 붙이려고 했던 제목은 흑인 여성의 성기를 뜻하는 'Black Pussy'라는 노골적인 표현이었다고 한다.

구체적으로 〈Brown Sugar〉는 흑인 여성 노예와 백인 남성 간에 이뤄지는 폭력, 섹스, 마약 등을 노래한다. 가사에는 노예로 팔려 온 흑인 여성이 밤에 채찍질을 당하는 모습이 그려진다. 또한 후렴구에는 '너는 어쩜 그렇게 맛있니*(How come you taste so good?)*?'라는 표현이 반복해서 등장한다. 흑인 비하이자 여성 상품화라는 주장이 나오는 배경이다.

믹 재거도 1995년 〈롤링 스톤〉과의 인터뷰에서 이 노래의 가사가 음란한 주제를 내포할 수 있음을 인정했다. 그는 '지금이라면 그런 곡을 쓰지 않을 것'이라며 '아마도 나 스스로를 검열했을 것'이라고 했다.

요즘 같으면 여성 단체가 강력하게 항의하는 것은 물론 소셜네트워크서비스(SNS)에서 논란이 되면서 가사를 쓴 믹 재거가 사과문을 발표했을 일이다. 그러나 1971년의 사회 분위기는 달랐다. 지금처럼 유색인종이나 여성의 인권에 관한 관심이 크지 않았던 시대였다. 모두들 가사보다는 음악적 완성도에 주목했다. 음악 전문지 〈사운즈*(Sounds)*〉에 리뷰를 쓴 여성 저널리스트 페니 발렌타인*(Penny Valentine)*마저도 이 곡을 '최고의 트랙'이라고 칭찬했다.

하지만 그 이후로 50년간 전 세계적으로 인종주의를 탈피하려는 노력이 이어지고 젠더 감수성에 대한 논의가 활발해지면서 흑인 여성을 상대로 한 가학적 섹스를 노래한

⟨Brown Sugar⟩ 가사는 계속해서 논란이 됐다. 결국 롤링 스톤즈는 일부 라이브 공연에서 문제의 소지가 있는 가사를 바꿔 불렀다. 그리고 2021년 10월 13일, 믹 재거는 ⟨로스앤젤레스 타임스⟩와의 인터뷰에서는 앞으로의 공연에서 ⟨Brown Sugar⟩를 부르지 않겠다고 전격 선언했다.

롤링 스톤즈의 대표곡 중 하나인 ⟨Brown Sugar⟩가 세트리스트에서 제외됐다는 소식에 일부 팬들은 실망감을 나타내기도 했다. 롤링 스톤즈가 이른바 '캔슬 컬처*(cancel culture)*'에 굴복했다는 비판도 나왔다. 그러나 대다수의 팬과 평론가들은 롤링 스톤즈의 결단을 지지하고 있다. 시대의 변화에 따라 버릴 것은 버려야 한다는 교훈을 주는 움직임이었기 때문이다.

롤링 스톤즈는 이 밖에도 기가 센 여자를 굴복시키는 내용의 노래 ⟨Under My Thumb⟩의 가사를 바꿔 부르거나 인종 및 성차별적 요소를 담은 노래 ⟨Some Girls⟩의 가사를 수정하기도 했다.

영국 일간지 ⟨가디언⟩은 "오늘날의 사회는 인종차별, 성적 폭력, 역사적 불의를 다루는 방식에서 더욱 민감하고 책임을 요구하고 있다."라면서 '롤링 스톤즈가 이러한 비판을 수용하고, 사회적 변화에 맞추어 더 이상 문제적 가사를 포함한 노래를 공연하지 않겠다는 결정을 내린 것은 현명한 판단'이라고 평가했다. 미국 음악 전문지 〈롤링 스톤〉은 "아티스트들은 항상 혁신적이고 도전적인 동시에 변화하는 시대와 청중의 감수성을 이해하고 존중해야 한다."라며 롤링 스톤즈의 결단을 옹호했다.

시크릿 경영 노트

2018년을 전후해 전 세계적으로 일어난 '미투(me-too)' 운동은 단순한 사회적 캠페인을 넘어 산업 전반의 윤리 기준을 재편성한 계기가 되었다. 특히 연예, 미디어, 광고, 출판, 유통 등 브랜드 이미지에 민감한 산업일수록 젠더 감수성이 핵심 경영 요소로 부상했다.
성희롱·성폭력 문제가 드러났음에도 내부 고발자를 보호하지 않거나, 사건 처리에 미흡한 태도를 보인 기업은 대중의 뭇매를 맞았다. 미국의 유명 영화 제작사 와인스틴 컴퍼니(Weinstein Company)는 설립자 하비 와인스틴(Harvey Weinstein)의 장기간에 걸친 성범죄로 인해 사실상 해체되었고, 넷플릭스는 케빈 스페이시(Kevin Spacey) 성추행 사건 이후 그가 주연을 맡았던 드라마 <하우스 오브 카드(House of Cards)>의 제작을 중단하고, 후속 시즌에서 퇴출했다.

이 같은 조치는 기업이 윤리적 기준을 위반하는 인물과 관계를 지속할 경우 브랜드 전체가 리스크를 감수해야 한다는 교훈을 남겼다.

한국에서도 젠더 이슈는 기업 경영에서 피할 수 없는 주요 변수로 부상했다. 몇몇 국내 기업은 여성 커뮤니티에서 남성을 비하하는 의미로 사용됐다고 여겨진 손 모양 이모티콘이 포함된 디자인을 채용 마케팅이나 패키지 디자인에 활용했다는 이유로 일부 남성 소비자들의 불매운동 대상이 되었다. 이 사건은 젠더 감수성을 단지 여성 보호의 관점으로만 다룰 것이 아니라, 사회 전체가 민감하게 받아들이는 문화적 코드로 이해해야 한다는 사실을 보여준다.

이처럼 젠더 감수성은 더 이상 선택의 문제가 아니다. 그것은 사회적 정당성 확보, 조직 내 다양성 존중, 소비자와의 지속 가능한 관계 형성을 위한 필수 조건이다. 그리고 이 점에서 롤링 스톤즈의 결정은 시사하는 바가 크다.

당장의 이익을 위한 마케팅이나 상품 전략이 장기적으로 브랜드 평판을 훼손할 수 있다면 과감히 중단할 수 있어야 한다. 젠더 감수성은 단지 위기를 피하는 기술이 아니라, 브랜드를 구성하는 가치의 일환이자 리더십의 윤리적 판단을 반영하는 지표다.

세상에 없던
혁신을 만들어라

: 위험을 변화의 계기로 만든 파괴적 실험 정신

'파괴적 혁신(Disruptive Innovation)'이라는 개념으로 유명한 경영학자 클레이튼 크리스텐슨(Clayton Christensen)은 "진정한 혁신은 고객이 기존에 충족되지 못한 욕구를 해결하는 데에서 시작된다."라고 했다. 기존 기업들은 종종 현재의 고객 요구를 충족시키는 것에만 집중하기 때문에 새로운 고객 기반이나 시장을 찾아내는 데 실패한다는 게 그의 설명이다.

'퍼플 카우(Purple Cow)'라는 개념을 만든 세스 고딘도 비슷한 말을 했다. 그는 "평범한 제품을 만들어서는 절대 성공할 수 없다."라며 "당신은 시장에 퍼플 카우처럼 눈에 띄고, 특별하며, 독특한 무언가를 제시해야 한다."라고 강조했다.

애플, 넷플릭스, 우버(Uber)는 모두 특별하고 독특한 제품과 서비스로 기존 기업들이 하지 못했던 혁신을 실현한 기업들이다. 그리고 이 기업들은 새로운 시장을 창출해 막대한 매출을 올리고 이익을 남겼다.

파괴적 혁신은 새로운 제품, 서비스 또는 기술이 새로운 시장을 창출하거나 기존 시장을 크게 변화시킴으로써 기존 시장을 파괴하는 과정이라고 정의된다. 롤링 스톤즈의 행보가 정확히 그러했다.

1960년대 초 많은 영국 록 밴드들이 비틀즈를 따라 하느라 바쁜 와중에 롤링 스톤즈는 미국 블루스에 기반한 록을 자신들만의 개성으로 재해석하며 새로운 시장을 공략했다. 그 당시 영국에서 블루스 음악은 대중적이지 않았고, 주류로 평가받지도 못했다. 그러나 롤링 스톤즈는 오히려 이 틈새시장을 집요하게 파고들며 대중에 어필하는 데 성공했다. 그리고 롤링 스톤즈를 추종하는 팬들과 밴드들이 하나둘씩 늘어나면서 블루스를 기반으로 한 록 음악은 하나의 거대한 시장으로 성장했다.

중요한 건 롤링 스톤즈가 여기에 안주하지 않았다는 점이다. 롤링 스톤즈는 경력이 쌓일수록 음악적 변화를 꾀하며 파괴적 혁신을 지속했다. 1960년대와 1970년대에 걸쳐 그들은 블루스와 록뿐만 아니라 펑크, 레게(*reggae*), 디스코 등 다양한 장르를 실험했다. 이를 통해 롤링 스톤즈는 대중음악 유행이 바뀌는 와중에도 계속해서 주류 시장에서 선도적인 위치를 차지할 수 있었다.

특히 롤링 스톤즈는 음악 산업의 변화에 저항하기보다 오히려 이를 수용하고 적극적으로 활용했다. 디지털 시대의 도래와 함께 스트리밍 서비스나 SNS를 적극적으로 사용해 젊은 세대와의 소통을 강화했고, 온라인 스토어를 통해 새로운 수익 모델을 창출하는 데 성공했다. 이는 파괴적 혁신 이론에서 제시하는 '기존 시장을 위협하는 변화'를 능동적으로 활용한 사례로 볼 수 있다.

파괴적 혁신 이론에서 중요한 요소 중 하나는 단기적인 성공에 그치지 않고 지속적인 혁신을 통해 장기적인 성장을 이루는 것이다. 롤링 스톤즈는 단지 새로운 음악을 시도하는 것에 머물지 않고, 자신들만의 브랜드를 확립하고 끊임없이 새로운 팬층을 유입시켰다. 이들이 60년 이상 활동한 역사는 하나하나 파괴적 혁신의 좋은 사례들이라고 할 수 있다.

롤링 스톤즈가 1969년 7월 5일 영국 런던 하이드파크에서 공연을 하고 있다.
이날 믹 재거(왼쪽)는 여성용 블라우스처럼 생긴 옷을 입고 무대에 올라 주목을 받았다. ⓒalamy

 롤링 스톤즈가 파괴적 혁신만으로 지금의 위치에 온 것은 아니다. 대중음악 시장에서 롤링 스톤즈를 독보적으로 만든 것은 퍼플 카우 전략이었다.

 이 개념을 주창한 세스 고딘은 어느 날 수백 마리의 소 떼가 초원에서 풀을 뜯어 먹는 광경을 봤다. 아름다운 광경이 슬슬 지겨워질 때쯤 고딘은 '보라색 소가 한 마리 있으면 얼마나 돋보일까?'라고 생각했다. 여기서 출발한 퍼플 카우 전략은 '극단적인 차별화'를 지향하는 마케팅과 브랜딩을 뜻한다. 롤링 스톤즈가 1960년대부터 활동하며 수십 년 동안 전 세계적으로 인기를 유지하고 있는 비결은 퍼플 카우에서 찾을 수 있다.

롤링 스톤즈는 비틀즈와 다른 차별화 전략을 전개하면서 헝클어진 헤어스타일과 단정하지 못한 옷차림, 그리고 퇴폐적이고 반항적인 이미지를 만들었다. 다른 모든 밴드가 비틀즈를 따라 '엄친아' 이미지를 추구할 때 롤링 스톤즈 혼자 '튀는' 전략을 쓴 것이다. 이를 통해 롤링 스톤즈는 단순한 록 밴드를 넘어서 하나의 문화적 아이콘이 됐다. 더 나아가 롤링 스톤즈의 '텅 앤드 립스' 로고는 반항적이고 자유로운 정신을 상징하게 됐다.

롤링 스톤즈는 단순히 음악을 연주하는 것에서 그치지 않고, 도발적인 무대 퍼포먼스와 파격적인 라이프 스타일을 통해 대중의 관심을 끌었다. 특히 무대 위에서 믹 재거의 에너지 넘치는 퍼포먼스와 자유로운 움직임은 독보적이었다.

또한, 롤링 스톤즈는 시대가 변할 때마다 그에 맞는 변화와 혁신을 지속했다. 이들은 트렌드를 따르기도 했지만, 오히려 새로운 트렌드를 만들어내며 음악적 스타일을 진화시켰다. 이렇게 퍼플 카우의 특성을 내재화하며 롤링 스톤즈는 60년 넘게 인기를 유지할 수 있었다.

시크릿 경영 노트

파괴적 혁신과 퍼플 카우를 관통하는 키워드는 '혁신'이다. 기업 현장에서 이 단어는 마치 주문처럼 반복되지만, 기존 성공을 스스로 위협하는 혁신을 실천하기란 사실 쉽지 않다. 클레이턴 크리스텐슨은 『혁신기업의 딜레마(The Innovator's Dilemma)』에서 '기존의 성공적인 기업들이 새로운 파괴적 기술에 대응하지 못하는 이유는 그들이 기존 고객과 시장에 너무 집중하기 때문'이라고 지적했다.

실제로 노키아, 코닥, 블랙베리(Blackberry) 같은 기업은 현재 고객의 요구를 충족시키는 데 집중한 나머지 급변하는 기술과 소비자 행태의 변화를 놓쳤다. 반면, 애플은 스스로의 제품 라인을 위협하는 자기 파괴적 혁신을 두려워하지 않았다. 아이팟(iPod)으로 MP3 플레이어 시장을 장악한 후에도, 다운로드 중심의 아이튠즈(iTunes) 사업 모델을 뒤엎고 스트리밍 중심의 애플뮤직(Apple Music)으로 전환했다. 에디 큐(Eddy Cue) 애플 서비스 부문 책임자는 "우리는 시장의 변화를 감지했을 때 우리 자신을 먼저 무너뜨리기로 했다."라고 말하기도 했다.

테슬라는 100년 넘게 이어진 '내연 기관' 중심의 자동차 비즈니스 모델에 정면으로 도전했다. '전기차'라는 퍼플 카우를 시장에 내놓은 것이다. 아마존(Amazon)은 단순한 온라인 서점으로 출발했지만, 자체 물류망 구축, 클라우드 인프라 사업, 스마트홈 시스템 등 끊임없이 기존 사업의 틀을 깨는 혁신을 반복했다.

기업이 계속 성장하기 위해서는 현재의 성공적인 비즈니스 모델을 방해할 수도 있는 혁신에 도전해야 한다. 그것은 현재의 성공을 과감히 뒤엎을 수 있는 용기, 그리고 고객의 진화 속도를 앞서는 통찰에서 비롯된다. 이처럼 진정한 혁신은 과거의 성공이 아니라, 미래의 생존을 위한 선택이다.

5

위기관리에 혼신을 다하라

절세는
가장 큰
비용 절감이다

: 프랑스에 건너간 롤링 스톤즈가 얻은 것

"모든 비즈니스는 상당 부분 세법에 기반을 두고 있다."

유명한 기업인이 한 말이 아니다. 롤링 스톤즈의 기타리스트 키스 리처즈가 2010년 11월 경영 전문지 〈포춘〉과의 인터뷰에서 한 발언은 롤링 스톤즈가 세금 문제에 있어서 일반 기업과 동일한 접근을 하고 있다는 것을 잘 보여준다.

모든 기업은 이윤을 추구한다. 물론 어느 기업도 드러내놓고 돈벌이를 위해 존재한다고 하지는 않는다. 국가 경제 기여이니, 사회적 책임이니 하는 그럴싸한 얘기를 하는 경우가 대부분이다. 그러나 이는 개별 기업이 추구하는 이념이고 철학일 뿐 기업이 존재하는 궁극적인 목적은 아니다. 기업의 목적은 누가 뭐래도 이윤 창출이다. 이윤을 창출해야 일자리도 만들 수 있고, 새로운 기술이나 제품을 개발할 수 있다.

이윤을 창출하지 못하면 당연히 국가 경제에 기여하지 못하고 사회적 책임을 다하지도 못한다. 이윤을 내지 못하는 기업은 결국 아무것도 할 수 없다.

그런데 기업이 이윤을 추구하는 데 있어서 가장 큰 걸림돌은 세금이다. 돈을 많이 벌수록 내야 하는 세금이 늘어나는 것은 당연하다. 문제는 일정 수준 이상의 소득을 올리면, 세율 자체가 달라진다는 것이다.

한국의 법인세율(2025년 기준)을 예로 들면, 1년간의 소득이 2억 원 이하인 경우 9%, 2억 원 초과~200억 원 이하는 19%, 200억 원 초과~3,000억 원 이하는 21%, 3,000억 원 초과는 24%다.

개인에게 적용되는 소득세율도 마찬가지다. 연 1,400만 원 이하 소득자는 번 돈의 6%만 세금으로 내면 되지만, 1,400만 원 초과~5,000만 원 이하는 15%, 5,000만 원 초과~8,800만 원 이하는 24%, 이런 식으로 세율이 높아진다. 소득이 10억 원을 초과하면 소득세율은 45%에 달한다.

그래서 고소득을 올리는 기업이나 개인은 조금이라도 세율이 낮은 곳에서 돈을 버는 방안을 늘 고민한다. 상당수 다국적기업이 카리브해 연안이나 중남미의 조세 피난처에 자회사를 설립해 세금을 피하고 있는 것은 이 때문이다. 개인도 마찬가지다. 소득세율이 낮은 국가로 이주하는 부자들의 이야기는 종종 언론에 등장한다.

지금은 전 세계적으로 법인세율과 소득세율이 낮아지는 추세이지만, 과거에는 부자들에게 부과되는 세금이 그야말로 살인적이었다. 비틀즈와 롤링 스톤즈가 활동을 시작한 1960년대 영국의 소득세 최고 세율은 96%에 달했다. 인기 뮤지션들은 음반 판매와 공연 수입으로 어마어마한 돈을 벌었지만, 번 돈의 대부분은 국가에 헌납해야 하는 신세였다.

비틀즈는 "우리는 돈을 벌기 시작했지만, 번 돈의 사실상 대부분을 세금으로 내고 있다는 것을 깨달았다."라며 1966년 노래 〈Taxman〉을 통해 조세제도의 불공평함을 노래하기도 했다.

롤링 스톤즈가 1971년 '세금 망명' 후 ≪Exile on Main St.≫ 앨범 작업을 한 빌라 넬코트. ⓒalamy

언제나 그랬듯이 롤링 스톤즈의 대응은 비틀즈보다 훨씬 과격했다. 이들은 1971년 아예 '세금 망명(tax exile)'을 선택했다. 국적을 바꾼 건 아니지만, 영국에 비해 세율이 훨씬 낮은 프랑스로 밴드의 본거지를 옮긴 것이다. 당시 프랑스에서 부과하는 소득세 최고 세율은 60%를 넘지 않았기 때문이다.

롤링 스톤즈의 세금 망명은 일정 기간 이상 해외에 거주하는 영국인에게는 소득세를 부과하지 않은 영국의 세법을 활용한 것이다. 미국의 경우 미국 시민이나 영주권자가 어느 나라에 있든 세금을 부과하지만, 영국은 16일 미만 영국에 거주하는 국민을 비거주자(non-resident)로 분류해 과세하지 않는다.

비록 불법은 아니지만, 롤링 스톤즈의 세금 망명은 그때나 지금이나 비난의 대상이 되곤 한다. 매일 밤 파티를 즐기는 글로벌 스타 밴드가 고작 세금 몇 푼이 아까워 고국을 버리고 도망갔다는 비난이다. 그러나 롤링 스톤즈는 정말로 돈이 없었고, 파티를 즐길 여력도 없었다고 한다.

믹 재거는 2010년 인터뷰에서 세금 망명의 이유에 대해 "당시 100파운드를 벌면 그들(영국 정부)이 90파운드를 가져가 빚을 갚기도 힘들었다."라며 "영국을 떠나자 100파운드 가운데 50파운드 정도는 가질 수 있었다."라고 설명했다.

롤링 스톤즈가 세금을 피해 도망쳐 자리를 잡은 곳은 제2차 세계 대전 당시 독일 나치(Nazi)의 본부로 사용된 것으로 알려진 프랑스 남부의 맨션 '빌라 넬코트(Villa Nellcôte)'였다. 멤버들은 이곳에 스튜디오를 설치하고 음반 작업을 했다. 에릭 클랩튼, 존 레논, 오노 요코(Ono Yoko) 등 동료 뮤지션들이 이곳을 종종 찾은 것으로 알려져 있지만, 뮤지션들보다는 그루피(groupie-록 그룹을 따라다니는 열성적인 여성 팬)와 창녀들이 주로 오갔다고 한다. 이곳에서 롤링 스톤즈 멤버들은 매일 같이 술과 섹스로 시간을 보냈고, 이 때문에 음반 작업에는 종종 일부 멤버들이 빠지기도 했다.

속세의 세금 걱정에서 벗어나 선계의 향락을 즐기며 하는 음반 작업이 예술적 창의력을 고취시켰는지 세기의 명반으로 꼽히는 ≪Exile on Main St.≫가 바로 이곳에서 탄생했다. 이 앨범은 영국적인 분위기의 록을 기반으로 미국적인 블루스와 가스펠, 소울, 컨트리까지 포용하면서 한층 성숙한 음악을 들려준다. 발매 당시에는 영국 앨범 차트와 미국 〈빌보드 200〉에서 동반 1위를 차지했다. 음악 전문지 〈롤링 스톤〉이 선정한 '가장 위대한 앨범 500선'(2020년 개정판) 중 14위에 올라 있으며, 다수의 평론가는 비틀즈의 명반 ≪The White Album≫에 견줄 수 있는 수작으로 평가하고 있다.

롤링 스톤즈의 1972년 앨범 ≪Exile on Main St.≫

롤링 스톤즈 멤버들의 세금 망명은 여전히 끝나지 않았다.

롤링 스톤즈 멤버들의 고향은 변함없이 영국이고 국적도 영국이지만, 영국에 세금을 납부하지 않기 때문에 영국에 머물 수 있는 기한이 제한된다. 믹 재거는 영국과 프랑스를 오가며 살고 있고, 키스 리처즈는 주로 미국에 거주한다.

현재 롤링 스톤즈는 절세를 위해 네덜란드 암스테르담에 프로모그룹(Promogroup)이라는 이름의 법인을 두고 있기도 하다. 1972년에 설립된 프로모그룹의 대주주는 믹 재거와 키스 리처즈이다. 고인이 된 찰리 와츠도 이 회사의 주주였다. 네덜란드와 영국의 세율 차이를 이용해 최소한의 세금만 납부하고 있는 것이다. 네덜란드는 세율이 낮아 글로벌 기업들이 절세 등의 목적으로 법인 설립을 선호하는 국가이다.

롤링 스톤즈의 세금 망명에 대해서는 여전히 평가가 엇갈린다. 다만 경영 측면에선 옳은 일이었다. 이들은 기업 경영의 관점에서 세금을 바라봤고, 세금은 이윤 창출에 있어 최대 걸림돌이라는 걸 빠르게 파악했다. 또한, 세금 망명은 애국자들에게 비판을 받을지언정 불법적인 것은 아니었다.

매니저의 횡령과 저작권 탈취로 인해 빈털터리 신세였던 롤링 스톤즈가 세금 망명을 선택하지 않았더라면 세기의 명반 ≪Exile on Main St.≫는 이 세상에 나오지 못했을 수도 있을 일이다. 돈 한 푼 없이 섹스와 마약만으로는 밴드를 지탱할 수 없었을 테니 말이다.

시크릿 경영 노트

절세는 기업 경영에서 간과할 수 없는 중요한 전략적 요소다. 이윤을 많이 창출하는 기업일수록 세금 부담이 기하급수적으로 커지기 때문이다. 수익이 커질수록 순이익에 결정적 영향을 미치는 요인이 바로 세금이며, 그에 따라 법적으로 허용되는 범위 내에서 세금을 최소화하려는 노력은 단순한 회계 차원의 활동을 넘어 전략적 의사 결정의 영역이다.

기업 경영자들도 이에 적극 동의한다. 워런 버핏(Warren Buffett) 버크셔 해서웨이(Berkshire Hathaway) CEO는 "나는 나의 세금 공제 혜택을 전적으로 활용한다."라며 "내게 주어진 모든 합법적인 기회를 사용하지 않을 이유는 없다."라고 말한 바 있다.

제프 베이조스(Jeff Bezos) 아마존 창립자는 '우리의 임무는 주주들에게 최상의 가치를 제공하는 것'이라며 '합법적인 절세는 그 과정의 일부'라고 강조했다. 실제로 아마존이 2018년과 2019년 연속으로 연방 법인세를 0달러 납부했을 때, 큰 사회적 논란이 일기도 했다. 그러나 이는 세법상 인정된 연구개발(R&D) 비용 공제, 주식 보상에 따른 비용 처리, 과거 손실 이월공제 등의 다양한 절세 수단을 정교하게 활용한 결과였다.

경영학자들의 견해도 같다. 세금 문제를 단순한 행정적 사안이 아니라 경영 전략의 중심축으로 본다. 피터 드러커는 '세금은 기업의 가장 큰 비용 중 하나'라고 지적하며 "성공적인 기업은 세금 관리를 단순히 회계 문제가 아니라 전략적 요소로 다룬다."라고 설명했다.

절세는 단순히 세금을 덜 내기 위한 행위가 아니다. 그것은 리스크 관리, 현금 흐름 확보, 재투자 여력 창출과 직결되는 영역이다. 세법을 이해하고 법적 범위 안에서 유리한 위치를 선점하는 것은 마케팅이나 R&D 못지않게 중요한 경영 기술이다.

결국 절세란, 기업의 '탐욕'이 아니라 '지혜'의 문제다. 법을 위반하지 않는 선에서 주주 가치를 극대화하기 위한 노력은 오히려 기업의 책임 있는 경영의 일부다.

모두가
회사의 주인처럼
행동하라

: 멤버 모두 경영자가 되는 조직을 만든 계기

　롤링 스톤즈의 초대 매니저였던 앤드루 루그 올덤은 10대 시절부터 롤링 스톤즈와 함께 일하며 밴드의 악동 이미지를 완성시켰고, 키스 리처즈-믹 재거의 작사·작곡 시스템을 정착시켰다. 이언 스튜어트(Ian Stewart)가 사각턱을 가졌다고 공식 라인업에서 배제하고, 키스 리처즈의 이름 철자 'Richards'가 팝 밴드 멤버처럼 보인다는 이유로 's'를 빼고 'Richard'로 개명시킨 것도 그였다. 키스 리처즈는 1970년대 후반 다시 이름에 's'를 붙일 때까지 키스 리처드로 살아야 했다.

　이처럼 올덤은 롤링 스톤즈를 좌지우지하던 매니저였지만, 사회 경험이 많지 않다 보니 혼자 힘으로 할 수 없는 일도 있었다. 그래서 자신보다 17살 많고 음악 산업 경험이 풍부한 에릭 이스턴(Eric Easton)을 영입해 함께 일했다. 올덤과 이스턴은 처음엔 호흡이 잘 맞았다. 하지만 많은 업무 파트너가 그렇듯 롤링 스톤즈의 인기가 높아질수록 일종의 알력 다툼이 생겼다. 때마침 이스턴이 저지른 몇 가지 사소한 실수를 계기로 올덤은 믹 재거의 동의를 받아 그를 해고하고 다른 매니저를 영입하는 결정을 했다. 1965년 봄에 있었던 일이다.

이 결정이 롤링 스톤즈를 절체절명의 위기에 빠뜨릴 줄은 아무도 알지 못했다.

앨런 클라인과 앤드루 루그 올덤. ⓒalamy

이들이 낙점한 인물은 미국 뉴저지 출신 회계사인 앨런 클라인이었다. 클라인은 유명 싱어송라이터 샘 쿡(*Sam Cooke*)과 최

5 위기관리에 혼신을 다하라

고 인기 록 밴드 비틀즈의 매니저로 이름을 알린 베테랑 사업가이기도 했다. 그의 사업 수완은 대중음악 업계에서 이미 유명했고, 롤링 스톤즈의 인기와 돈벌이에도 분명 도움이 될 것으로 보였던 게 사실이다.

시작은 순조로웠다. 클라인은 매니저 업무를 맡자마자 롤링 스톤즈와 음반 발매 계약을 맺고 있는 데카 레코드를 찾아가 재협상에 나섰다. 클라인이 데카 경영진에게 '롤링 스톤즈는 더 이상 데카에서 음반을 내지 않을 것'이라고 선언한 사건은 업계에서 아직도 회자된다. 당시 65세였던 데카 회장 에드워드 루이스 경(Sir Edward Lewis)은 뒷목을 부여잡을 정도로 당황했다. 루이스 경이 롤링 스톤즈가 이미 데카와 계약된 상태라는 점을 상기시켰는데도, 클라인은 "계약은 종이 한 장에 불과하다."라며 맞섰다.

막무가내로 밀어붙이는 클라인을 당해낼 수 없던 데카 측은 롤링 스톤즈의 앨범이 지속적으로 팔릴 경우 30만 달러를 지급하겠다고 제안했다. 그러자 클라인은 이 금액의 두 배인 60만 달러를 선금으로 지급하라고 요구했다. 또 데카의 미국 자회사인 런던 레코드(London Records)에도 같은 조건을 내걸었다.

클라인의 공격적인 협상은 결국 먹혀들었고, 클라인이 매니지먼트 팀에 합류한 지 1년 만에 롤링 스톤즈는 데카로부터 계약금만 260만 달러를 받게 됐다. 이는 당시 최고 인기 밴드였던 비틀즈가 받는 계약금보다도 많은 액수였다. 그 당시 260만 달러는 지금 가치로 2,593만 달러, 한국 돈으로는 358억 원에 이르는 돈이다.

이게 끝이 아니었다. 클라인의 협상력 덕분에 롤링 스톤즈는 앨범 도매가격의 25%의 로열티를 받게 됐다. 레코드판(LP) 한 장이 출고될 때마다 75센트를 손에 쥐게 된 것이다. 당시 비틀즈가 영국에서 15%, 미국에서 17.5%의 로열티를 받은 것에 비교하면 엄청나게 유리한 조건이었다. 클라인이 데카와의 재계약을 통해 롤링 스톤즈에 막대한 이익을 가져다줬다는 사실은 당시 대중음악계를 떠들썩하게 만들었다.

그러나 정작 롤링 스톤즈 멤버들은 이 돈을 만져 보지도 못했다. 클라인의 개인 계좌로 돈이 들어갔기 때문이다. 클라인은 빼돌린 돈을 미국 자동차 제조업체 제너럴모터스(GM) 주식에 투자하는 등 쌈짓돈처럼 사용한 것으로 알려졌다.

이뿐만이 아니다. 클라인은 롤링 스톤즈 음원에 대한 저작권을 멤버들 몰래 빼앗았다. 롤링 스톤즈가 1963년부터 1971년까지 녹음한 모든 음원의 저작권은 지금도 클라인과 그의 부인이 세운 회사 '앨런 앤드 베키 클라인 컴퍼니(ABKCO)'가 갖고 있다. 롤링 스톤즈 멤버들은 저작권을 되찾아 오기 위해 무려 17년에 걸쳐 소송전을 벌였지만, 모두 허사였다.

클라인은 앞에서는 롤링 스톤즈에게 유리한 조건의 계약을 성사시키는 사업 수완을 발휘하면서, 뒤로는 그렇게 번 돈을 롤링 스톤즈 멤버들이 아닌 자신의 호주머니로 가져간 것이다. 비틀즈보다 유리한 계약을 성사시킨 일류 매니저와의 계약은 사실 '악마와의 계약'이나 다름없었던 셈이다.

앨런 클라인과 매니지먼트 계약을 할 당시 롤링 스톤즈 멤버들은 대부분 20대 초반이었다. 사회생활을 해본 적도 없고, 오로지 음악에 대한 열정으로 뭉친 순진한 청년들이었다. 이들은 클라인 같은 사기꾼에게 속수무책으로 당할 수밖에 없었다. 설상가상으로 원래 매니저였던 앤드루 루그 올덤은 1967년 롤링 스톤즈가 ≪Their Satanic Majesties Request≫ 앨범을 녹음하던 무렵 '내 역할은 여기까지'라며 사퇴했다. 클라인 혼자 롤링 스톤즈를 주무를 수 있는 환경이 만들어진 것이다.

롤링 스톤즈 멤버들이 클라인을 의심하게 됐을 때는 이미

늦은 상태였다. 악기 구매 비용이 지급되지 않고, 주택 임대료가 밀리는 등의 수상한 일들이 반복되자 롤링 스톤즈 멤버들은 1968년에 이르러 법률 회사인 버거 올리버 앤 코*(Berger Oliver & Co.)*를 통해 밴드의 재무 상황을 점검하도록 했다. 비슷한 시기에 믹 재거는 별도로 바이에른 왕실의 후손이자 은행가인 루퍼트 로웬스타인*(Rupert Loewenstein)*을 개인 재정 고문으로 고용했다. 로웬스타인은 클라인이 롤링 스톤즈 멤버들에게 지불해야 할 돈을 모두 지불하지 않고 있다는 점을 파악했고, 이 문제를 바로잡는 일에 착수했다.

앨런 클라인의 명성은 곧 악명으로 뒤바뀌었다. 1969년 4월 13일 영국 〈선데이 타임즈*(Sunday Times)*〉는 그에 대해 '팝 뮤직의 정글에서 가장 권모술수가 강한 사람'이라고 평가하면서 그의 성공 비결은 '허세, 굳은 의지, 돈에 대한 민첩성, 매스컴에 대한 본능, 걸핏하면 하는 거짓말의 놀라운 조합'이라고 지적했다.

클라인은 아마도 1950년대 로큰롤 황제로 군림한 엘비스 프레슬리의 매니저였던 커널 톰 파커*(Thomas Andrew 'Colonel Tom' Parker)*를 롤 모델로 삼았을 것으로 보인다. 클라인과 마찬가지로 파커는 돈벌이에 밝았다. 1956년 엘비스 프레슬리가 20

세기 폭스*(20th Century Fox)*와 영화 출연 계약을 체결할 때의 일화는 유명하다. 영화사가 파커와 협상을 거듭하다 지쳐 "2만 5,000달러면 괜찮겠느냐?"라고 묻자, 파커는 "난 그거면 되지만 그 아이(엘비스 프레슬리) 몫은요?"라고 물어 더 많은 돈을 받아냈다. 이렇게 계약을 체결해 엘비스 프레슬리가 출연한 첫 영화는 〈러브 미 텐더*(Love Me Tender)*〉였다.

그런데 엘비스 프레슬리 역시 많은 돈을 벌지 못했다. 그의 전성기 당시 90%에 당하는 미국의 높은 소득세율과 그의 사치스러운 소비 성향 때문이기도 했지만, 파커가 뒷주머니로 챙겨간 돈이 많기 때문이기도 했다. 그 당시 다른 아티스트의 매니저들이 아티스트 수익의 10~15%를 가져가던 것에 비해 파커는 최대 50%를 받은 것으로 알려졌다.

파커의 술수를 답습한 클라인이었지만, 결과는 전혀 달랐다. 엘비스 프레슬리가 파커의 악행을 알게 된 후에도 '파커가 아니었다면 나는 이렇게 클 수 없었을 것'이라며 오히려 그에게 감사를 표시한 반면, 롤링 스톤즈는 1970년 클라인을 공식적으로 해고하고 로웬스타인을 새 매니저로 고용했다.

롤링 스톤즈가 앨런 클라인을 매니저로 영입한 것은 비록 악마와의 계약이었지만, 이를 교훈으로 삼아 롤링 스톤즈는 적극적으로 이윤을 추구하는 기업 같은 조직체로 변화하게 됐다.

그리고 매니저에게 모든 것을 맡기기보다는 멤버들 스스로가 'C레벨(최고 책임자)'이 되어 밴드의 경영에 직접 관여하는 계기가 됐다. 롤링 스톤즈가 60년 넘게 장수할 수 있었던 것은 클라인에게 보기 좋게 속아 넘어갔던 시행착오가 큰 역할을 한 것이다.

시크릿 경영 노트

롤링 스톤즈와 앨런 클라인의 사건은 단기적 성공에 치우친 외부 의존의 위험성, 투명한 경영 체계의 중요성, 그리고 조직 구성원의 자율적 참여의 필요성을 잘 보여준다.

클라인은 뛰어난 협상력을 발휘했지만, 그 이면에는 자신의 이익을 추구하는 부정직함이 있었다. 단기적으로는 유리해 보였던 협상이 장기적으로는 밴드의 핵심 자산을 외부에 넘기는 결과를 낳은 것이다. 이는 기업이 외부 전문가에게만 의존할 때 생길 수 있는 위험을 보여준다. 피터 드러커가 "경영자는 신뢰할 수 있는 시스템을 구축해야 하며, 모든 이해관계자의 이익을 고려한 결정을 내려야 한다."라고 언급한 이유도 바로 여기에 있다. 드러커가 말하는 '시스템'이란 단순한 제도적 장치가 아니라, 투명한 의사 결정 구조와 장기적 안목, 그리고 내부 구성원 간의 신뢰 기반을 뜻한다. 롤링 스톤즈는 클라인에게 과도하게 의존했고, 멤버들은 재정 및 법률문제에 거의 관여하지 않았다. 이로 인해 아티스트로서 가장 중요한 자산을 통제할 수 없는 상황에 빠지게 된 것이다.

롤링 스톤즈는 클라인과의 사건 이후 밴드 멤버들이 직접 경영에 참여하기 시작했다. 이는 경영에 있어서 외부 의존을 최소화하고, 조직 구성원들이 주도권을 가져야 한다는 교훈을 준다.

애플의 전 CEO 스티브 잡스가 '최고의 회사는 최고 경영자뿐만 아니라 회사 전체가 CEO처럼 생각하는 회사'라고 말한 이유를 잘 새겨야 한다. 1명의 카리스마 있는 리더에 기대기보다, 모든 구성원이 전략적 사고와 주인의식을 갖고 움직일 때 조직이 진정한 경쟁력을 갖게 된다는 의미다.

개인보다
조직을 우선하라

: 리더십 불화 속에서도 유지된 팀워크의 조건

믹 재거와 키스 리처즈는 함께 롤링 스톤스의 노래를 만들고, 공연 계획을 세우며, 각종 수익 사업에 관한 결정을 내렸다. 이들은 머리를 맞대며 밴드를 둘러싼 각종 위기를 극복하기도 했다. 마약에 중독된 브라이언 존스를 내쫓았고, 밴드의 돈을 빼돌린 매니저 앨런 클라인을 해고했다.

그러나 사람과 사람 사이에는 언제나 갈등이 존재한다. 아무리 친한 친구 사이에도, 사랑하는 연인 사이에도 갈등은 있다. 하물며 밴드를 이끄는 '투 톱'인 재거와 리처즈가 종종 대립한 것은 결코 이상한 일이 아니다.

재거와 리처즈는 타고난 성격부터 달랐다. 재거가 완벽을 추구하기 위해 치밀하게 계산된 행동을 하지만, 리처즈는 "나는 아무것도 계획하지 않는다."라고 말할 정도로 모든 것을 그때그때의 기분에 맡기는 타입이다. 이런 성격 차이가 오히려 롤링 스톤즈의 음악에 시너지를 가져다줬다는 분석도 있지만, 그건 두 사람의 사이가 좋을 때 얘기다. 어느 날 느낀 서운함으로 시작된 감정은 리더십 다툼으로 이어지며 비틀즈의 전철을 밟기 직전까지 갔다.

리처즈는 1978년 마약 소지 혐의로 재판에 넘겨졌는데, 법원의 명령에 따라 재활을 마치고 밴드에 복귀했을 때 롤링 스톤즈 내에서 그의 입지는 현저하게 좁아져 있었다. 그전까지는 재거와 리처즈가 함께 공동 CEO의 위치였다면, 리처즈의 공백기 동안 재거가 밴드의 '원 톱'이 돼 있었던 것이다. 밴드의 주요 결정 사항을 두 사람이 아닌 재거 혼자 좌지우지하는 것에 대해 리처즈의 불만이 싹텄다.

처음에는 서운한 감정을 느끼는 수준이었지만, 이를 시작으로 두 사람의 갈등의 골은 점점 깊어져 갔다. 자유분방한 리처즈의 마약 중독은 여전히 고쳐지지 않았고, 철두철미한 재거는 그의 행동이 마음에 들 리 없었다. 1981년에 이르러서 재거와 리처즈는 거의 소통도 하지 않았다. 앨범 ≪Tattoo You≫ 레코딩 작업을 하던 시기에는 두 사람이 스튜디오에서 마주치지 않기 위해 각별히 노력하기까지 했다고 한다. 재거가 오전에 녹음을 하면, 리처즈가 오후에 하는 식이었다. 그래도 이때까지만 해도 투어는 함께 했다. 어쨌든 돈을 벌려면 공연은 해야 했으니 말이다.

그러나 1983년 앨범 ≪Undercover≫를 작업하는 과정에서 재거와 리처즈는 음악적 견해차를 드러내며 다시 한번 충돌했다. 재거는 롤링 스톤즈의 음악이 최신 유행에 맞아야 한다는 입장이었다. 그래서 미국의 인기 뮤지션 프린스(Prince)와 협업하는 방안을 제안했지만, 리처즈는 롤링 스톤즈의 뿌리인 블루스 록을 고수해야 한다고 맞섰다. 결국 앨범이 발매된 후에는 롤링 스톤즈의 투어조차 중단될 정도로 두 사람의 관계가 악화됐다. 콘서트는 1970년대 이후 롤링 스톤즈의 주력 사업이었는데, 이를 포기한 것이다. 록 음악 시장의 경쟁 심화로 인해 가뜩이나 롤링 스톤즈의 음반 매출이 예전 같지 않은 상황에서 공연마저 하지 않는다는 것은 사실상 폐업이나 다름없는 일이었다. 재거와 리처즈의 갈등으로 인해 롤링 스톤즈는 좌초 위기에 빠졌다.

불과 10여 년 전 비틀즈가 존 레논과 폴 매카트니의 갈등 끝에 해체한 것과 똑같은 일이 롤링 스톤즈에도 일어날 수 있는 상황이었다. 전개 과정도 비슷했다. 비틀즈 멤버들이 해체 직전 솔로 활동에 나섰던 것처럼 롤링 스톤즈 멤버들도 각자 솔로 앨범을 발표하며 본업을 잠시 내려놓았다.

1985년 7월 13일, 미국 필라델피아 JFK 스타디움에서 열린 '라이브 에이드'에서 믹 재거와 티나 터너가 공연을 하고 있다. ⓒalamy

믹 재거는 롤링 스톤즈의 다른 멤버들 몰래 CBS 레코드와 계약을 체결한 후 1984년 대부분을 자신의 솔로 앨범 제작에 몰두했다. 그리고 1985년 2월 19일 첫 솔로 앨범 ≪She's the Boss≫를 발표했다. 결과는 성공적이었다. 앨범에 수록된 〈Just Another Night〉가 미국 메인스트림 록 차트 1위에 오르는 등 대중적인 인기를 끌었다. 그리고 그해 7월 13일에 개최된 역사적 콘서트 '라이브 에이드(Live Aid)'에는 재거가 혼자 무대에 올라 〈Lonely at the Top〉을 비롯한 다섯 곡을 부르며 솔로 아티스트로서의 입지를 굳혔다.

믹 재거의 솔로 활동 기간 중에도 롤링 스톤즈는 유지됐다. 다만 재거와 리처즈 사이에서 감도는 냉랭한 분위기는 다른 멤버들에게도 영향을 줬다. 롤링 스톤즈의 1986년 앨범 ≪Dirty Work≫를 만드는 동안에는 다섯 명의 멤버가 한자리에 모이는 일이 매우 드물 정도였다. ≪Dirty Work≫는 오랜만에 발매된 롤링 스톤즈 앨범이라는 점에서 미국에서만 100만 장 이상 팔리는 등 꽤 괜찮은 판매 실적을 올렸다.

하지만 롤링 스톤즈의 히트곡 제조 콤비인 재거와 리처즈의 사이가 멀어진 상태에서 명곡이 탄생할 리 없었다. 일각에선 재거가 자신의 솔로 활동을 위해 롤링 스톤즈 앨범에선 노래에 최선을 다하지 않는다는 의혹을 제기하기도 했다.

당연히 평론가들의 평가는 냉혹했다. 주간지 〈피플〉은 이 앨범에 대해 '1986년에 발표된 최악의 음반 중 하나'라고 평가했을 정도였다. 1986년은 보스턴(Boston), 퀸(Queen), 본 조비, 메탈리카 등 후배 밴드들이 명반을 쏟아낸 해였다. 그래도 그렇지, 록의 근본인 롤링 스톤즈의 앨범을 '최악'이라고 평가한 것은 비평가들의 실망감이 어느 정도였는지를 가늠하게 해준다.

키스 리처즈는 2010년 출간한 자서전에서 그 당시 믹 재거와의 갈등 상황을 '제3차 세계 대전'이라고 묘사했다. 리처즈는 ≪Dirty Work≫ 앨범을 홍보하는 투어에 나서길 원했지만, 재거는 그에게 편지를 보내 솔로 활동을 선호한다고 밝혔다. 결국 재거는 롤링 스톤즈 투어를 거부한 채 솔로 활동을 이어가며 1987년 두 번째 솔로 앨범 ≪Primitive Cool≫을 발표했다.

리처즈도 이에 질세라 솔로 활동에 나섰다. 그는 1986년부터 미국 뮤지션 스티브 조던(Steve Jordan)과 함께 곡 작업을 진행해 1988년 10월 3일 첫 솔로 앨범 ≪Talk Is Cheap≫을 발표했다. 이 앨범은 영국 차트 37위, 미국 차트 24에 각각 오르며 그럭저럭 인기를 끌었다. 이 앨범에는 〈You Don't Move Me〉가 수록됐다. 'You made wrong motion(당신은 잘못된 움직임을 했어요)'이라는 가사로 시작해 'You just don't move me anymore(당신은 날 더 이상 움직이지 않아요)'로 끝나는 이 노래는 리처즈가 재거를 '디스'하는 노래라는 해석을 낳았다.

롤링 스톤즈의 1989년 앨범 ≪Steel Wheels≫

믹 재거와 키스 리처즈가 각자 진행한 솔로 활동은 나름대로 성공적이었다. 하지만 세계 최고의 록 밴드인 롤링 스톤즈의 인기에 비할 바는 아니었다. 롤링 스톤즈의 골수팬들 덕분에 솔로 앨범 판매량은 어느 정도 높은 수준을 기록할 수 있었지만, 부업이 본업이 될 수는 없었다.

두 사람의 갈등은 롤링 스톤즈라는 기업의 실적 악화로 이어지고 있었다. 이대로라면 밴드는 더 이상 굴러가지 못하는 것은 물론이고 함께 물에 빠져버리게 될 것이 뻔했다.

변화 관리 이론의 대가인 존 코터*(John Kotter)* 하버드 경영대학원 교수는 "위대한 리더는 개인의 감정보다 조직의 지속성을 우선시한다."라고 말한 바 있다. 리더가 자신의 감정이나 개인적인 갈등에 얽매이기보다는 조직의 장기적인 비전과 목표에 집중해야 한다는 뜻이다.

롤링 스톤즈가 이 점을 깨닫기까지는 무려 10년이 걸렸다. 믹 재거와 키스 리처즈는 1989년 1월 '로큰롤 명예의 전당*(Rock and Roll Hall of Fame)*'에 헌액된 것을 계기로 다시 만나 차기 작품 구상에 돌입했다. 이 시기에 두 사람의 갈등이 완전히 해소됐는지는 분명하지 않다. 다만 롤링 스톤즈라는 사업체를 다시 일으키기 위해선 다시 힘을 합쳐야 한다는 목표만큼은 분명했다.

또한, 두 사람은 각자 솔로 활동을 하면서 서로의 입장을 이해하게 됐다. 그리고 두 사람이 아무리 갈등을 겪어도 여전히 훌륭한 호흡을 보여주는 콤비라는 것을 확인하게 됐다. 아울러 자신들이 속한 곳은 그 어디도 아닌 롤링 스톤즈라는 사실을 깨닫게 됐다.

무엇보다도, 솔로 활동은 큰 돈벌이가 되지 않는다는 점을 뼈저리게 느꼈다. 재거의 첫 솔로 앨범 ≪She's the Boss≫는 150만 장 넘게 팔리며 롤링 스톤즈에 버금가는 인기를 끄는 듯했지만, 2집 ≪Primitive Cool≫은 10만 장을 간신히 넘기는 저조한 판매고를 기록했다. 리처즈의 솔로 1집 ≪Talk

Is Cheap≫도 60만 장대의 판매 기록에 그쳤다.

존 코터는 조직이 효과적으로 변화하고 성장하기 위해 필요한 프로세스 중 하나로 '단기 성과 창출(Generate Short-Term Wins)'을 꼽았다. 롤링 스톤즈의 경우도 마찬가지였다. 재거와 리처즈가 다시 손을 맞잡은 이상 이른 시일 내에 성과물을 만들어내는 게 중요했다. 이들은 곧바로 롤링 스톤즈 신보 작업에 착수했다. 1989년 8월 29일에 발표된 롤링 스톤즈의 19번째 앨범 ≪Steel Wheels≫에서 두 사람은 작사·작곡 콤비로서 오랜만에 호흡을 맞추며 곡을 썼다. 재거와 리처즈의 불화가 고조됐을 때 발표한 ≪Undercover≫와 ≪Dirty Work≫가 상업적으로 실패했던 것과 달리 두 사람이 다시 의기투합한 결과물인 ≪Steel Wheels≫는 영국 차트 2위, 미국 차트 3위에 오르며 '더블 플래티넘(200만 장 판매)'을 기록했다. 마치 재거의 복잡한 심경을 떠올리는 듯한 제목의 〈Mixed Emotions〉는 롤링 스톤즈의 마지막 톱 10 히트곡으로 기록됐다.

존 코터는 '성과를 유지하면서 더 큰 변화를 만들어 가는 것(Consolidate Gains and Produce More Change)'도 중요하다고 봤다. 재거와 리

5 위기관리에 혼신을 다하라

처즈의 행보가 정확하게 그러했다. 이들은 성공적인 앨범 발매에 이어 7년 만에 재개하는 투어도 대대적으로 진행했다. 1989년 8월 12일 미국 코네티컷주 뉴헤이븐에서 시작해 1990년 8월 25일 영국 런던까지 쉴 새 없이 이어진 공연을 통해 롤링 스톤즈는 약 10년 만에 다시 정상 궤도에 올라섰다.

시크릿 경영 노트

하버드 경영대학원의 존 코터는 "리더는 단기적인 감정적 반응에 휘둘리는 존재가 아니라, 장기적인 조직의 방향성과 성공을 중심에 두고 판단해야 한다."라고 강조한다. 그는 리더십의 핵심을 '변화를 주도하고, 조직 구성원과 함께 지속 가능한 비전을 향해 나아가도록 만드는 것'이라고 정의하며, 변화 관리의 8단계 모델을 통해 구체적인 실행 전략을 제시했다. 이 모델은 위기 인식에서 시작해 비전 설정, 초기 성과 창출, 문화 정착에 이르기까지, 조직 변화의 전 과정을 구조화한 프레임이다.

롤링 스톤즈의 두 리더 믹 재거와 키스 리처즈는 음악적 지향, 생활 태도, 책임감에 있어서 극명한 차이를 보였고, 특히 1980년대 초반에는 공개적으로 결별을 선언할 정도로 관계가 악화되었다. 재거는 솔로 커리어에 집중했고, 리처즈는 밴드의 정체성이 흔들리는 데 강한 불만을 품었다. 그러나 결국 두 사람은 이대로라면 밴드 자체가 해체될 수 있다는 위기의식을 공유했고, 갈등을 감정적으로 몰아가지 않고, '조직의 장기적 생존'이라는 공통 목표로 협력의 실마리를 찾게 된다.

코터의 변화 관리 8단계 모델로 보면, 롤링 스톤즈는 다음과 같은 과정을 통해 위기를 극복한 것으로 해석할 수 있다:

1. 긴박감 고조 - 밴드 해체의 위기를 인식하며, 기존의 방식으로는 생존이 불가능하다는 현실을 받아들임.
2. 강력한 변화 추진 연합 구성 - 재거와 리처즈는 상호 불신에도 불구하고, 공동 리더십 체계를 복원.
3. 비전과 전략 수립 - 단순한 음악적 성취를 넘어서 '지속 가능한 브랜드로서의 롤링 스톤즈'라는 비전을 공유.
4. 비전 커뮤니케이션 - 인터뷰, 언론 노출, 투어 메시지 등을 통해 팬들과 투자자에게 협력 복귀 메시지를 발신.
5. 장벽 제거 및 권한 부여 - 밴드 내부에서 각자 음악적 개성을 존중하며 협업이 가능한 방식으로 작업을 분담.
6. 단기 성과 창출 - 1989년 ≪Steel Wheels≫ 앨범과 월드 투어를 통해 팬덤과 수익 측면에서 큰 성공을 거둠.
7. 성과의 유지 및 확장 - 이후 투어 사업의 시스템화를 통해 반복 가능한 수익 모델 구축.
8. 새로운 문화 정착 - 밴드 내 공동 의사 결정 구조와 장기 경영 전략이 정착됨.

이 사례는 기업 경영뿐만 아니라, 모든 조직의 리더가 감정적 충돌을 넘어서 지속 가능성을 고민해야 한다는 것을 시사한다. 리더는 감정의 지배자가 아니라 비전의 수호자여야 한다. 롤링 스톤즈의 재거-리처즈 갈등 극복은 조직의 리더가 단기적인 감정이나 자존심에 휘둘리지 않고 장기적 지속 가능성에 집중했을 때 어떤 시너지가 가능한지를 상징적으로 보여준다.

6

1순위는 사람이란 걸 명심하라

만남을
소중히 여겨라

: 믹 재거와 키스 리처즈의 조우가 만든 기적

스티브 잡스와 스티브 워즈니악(Steve Wozniak)의 만남은 애플의 탄생으로 이어졌고, 이들은 컴퓨터의 역사를 바꿔 놓았다. 만약 1971년 여름, 잡스가 휴렛팩커드(HP)에서 워즈니악을 만나는 '사건'이 없었더라면, 지금 우리가 알고 있는 개인용 컴퓨터(PC)는 이 세상에 나오지 않았을지도 모른다. 두 사람은 '홈브루 컴퓨터 클럽(Homebrew Computer Club)'이라는 동호회에서 함께 활동한 것을 인연으로 1976년 애플을 설립하고, 세계 최초 PC인 '애플 원(Apple 1)'을 만들었다.

세계 최대 검색 엔진 구글(Google)의 탄생 배경에도 역사를 바꿔 놓은 소중한 만남이 있었다. 1995년 스탠퍼드(Stanford) 대학원 오리엔테이션에서 2년 선배인 세르게이 브린(Sergey Brin)이 신입생 래리 페이지(Larry Page)의 캠퍼스 안내를 맡은 것이 시작이었다. 이 만남은 훗날 구글 창업으로 이어졌고, 구글은 현재 검색 엔진뿐 아니라 스마트폰 OS 안드로이드(Android)와 동영상 플랫폼 유튜브, 클라우드 사업 등을 영위하는 미국의 대표적 테크 기업으로 성장했다.

잡스와 워즈니악처럼, 그리고 브린과 페이지처럼, 세상을 바꾼 모든 창업에는 운명적인 만남의 순간이 있다.

롤링 스톤스의 공동 CEO라고 할 수 있는 믹 재거와 키스 리처즈도 마찬가지였다.

영국 다트포드 기차역 2번 승강장에 믹 재거와 키스 리처즈의 만남을 기념하는 명판이 설치돼 있다.

재거와 리처즈의 인연은 두 사람이 초등학교에 다니던 시절로 거슬러 올라간다. 1943년생 동갑내기인 이들은 1950년

잉글랜드 남동부 켄트에 위치한 작은 마을 다트포드*(Dartford)*에서 어린 시절을 함께 한 소꿉친구였고, 같은 학교에 다녔다.

이사를 가면서 연락이 끊겼던 두 사람이 역사적인 재회를 한 것은 1961년 10월 17일 아침이었다. 런던 정경대*(LSE)*에 다니던 재거와 시드컵 아트 스쿨*(Sidcup Art School)* 학생이었던 리처즈가 다트포드 기차역 2번 승강장에서 우연히 만난 것이다.

만약 그 순간 리처즈가 척 베리*(Chuck Berry)*와 머디 워터스의 음반을 손에 들고 있지 않았더라면, 어린 시절 친구는 반가운 포옹만 하고 헤어졌을지도 모른다. 그러나 미국 로큰롤과 R&B에 열광하고 있던 두 사람은 리처즈가 들고 있던 음반을 계기로 음악에 관한 대화를 이어가게 됐고, 이후 지속적인 만남 끝에 밴드를 결성하기로 의기투합했다.

재거와 재회했을 때 리처즈가 느꼈던 음악에 대한 열정은 그가 당시 이모에게 보냈던 편지에 생생하게 드러난다.

"내가 척 베리를 좋아하는 거 알죠? 나는 오랫동안 나 혼자만 팬인 줄 알았어요. 어느 날 아침 다트포드 역에서 척의 음반을 들고 있었는데, 7~11살 초등학교 시절 알고 지내던 한 녀석이 나에게 다가왔어요. 그는 척 베리가 그동안 만든 모든 음반을 갖고 있고, 그의 친구들도 갖고 있대요. 그들은 모두

R&B 팬이에요. 진짜 R&B 말이에요. (디나 쇼어, 브룩 벤튼 같은 엉터리 말고) 지미 리드, 머디 워터스, 척, 하울링 울프, 존 리 후커 같은 시카고 블루스맨이 하는 진짜 말이에요. 놀라워요. 어쨌든, 기차역에서 만난 녀석은 믹 재거라고 해요."

리처즈는 훗날 여러 인터뷰에서 그날의 운명적인 만남을 '행운*(lucky break)*'이라는 말로 설명했다. 기차역에서 재거를 만나지 못했다면 이 모든 성공은 결코 이뤄지지 않았으리라는 얘기다.

그러나 아무리 운명적인 만남으로 시작된 밴드라고 하더라도, 처음부터 승승장구했던 건 아니다. 지금은 록 음악계의 전설로 불리는 롤링 스톤즈도 출발은 동네 개러지밴드*(garage band-주택의 차고에서 연습하는 아마추어 밴드)*였다. 많은 록 밴드들이 그렇듯이 롤링 스톤즈 역시 음악을 좋아하는 친구들끼리 모여 취미 생활로 다른 뮤지션의 노래를 카피하는 것으로 시작한 것이다. 오늘날 정보 기술(IT) 업계를 주름잡는 빅테크 기업들 상당수가 개러지에서 공대생들의 취미로 출발한 것과도 비슷하다.

시카고 블루스를 좋아하는 믹 재거와 키스 리처즈, 그리고 또 다른 3명의 친구가 결성한 5인조 밴드의 이름은 '리틀 보이 블루 앤드 더 블루 보이즈'였다. 이후 브라이언 존스와 이언 스튜어트가 합류하면서 밴드 이름은 롤링 스톤즈로 정해졌고, 몇 차례 멤버 교체는 있었지만, 지금까지 같은 이름을 유지하고 있다.

이 가운데 재거와 리처즈는 다트포드 역에서의 재회 이후 지금까지 60년이 훨씬 넘는 세월 동안 변함없이 밴드를 이끌고 있다. 롤링 스톤즈가 결성되던 1962년에 창립한 유통 업체 월마트나 패스트푸드 업체 타코벨의 경영진이 그동안 몇 번이나 바뀌었는지를 생각해 보면 새삼 놀라운 일이다.

이들은 〈Brown Sugar〉, 〈Honky Tonk Women〉, 〈(I Can't Get No) Satisfaction〉 등 불후의 명곡을 함께 작사·작곡한 명콤비이기도 하다. 그만큼 두 사람의 운명적인 만남이 완벽한 궁합으로 이어졌다는 의미이다.

리처즈는 2019년 3월 영국 일간지 〈선*(The Sun)*〉과의 인터뷰에서 "믹과 나는 함께 일하기 때문에 둘 사이에서 (안 좋은) 일이 생기기도 한다."라면서도 "당신이 듣는 것은 (둘 사이에) 가끔 있는 언쟁일 뿐이다. 99%의 순간에는 난 그를 사랑한다."라고 말했다.

리처즈는 재거와 자신의 관계를 '오래 함께한 부부'에 종종 비유하곤 한다. 둘 사이에 갈등이 생기기도 하지만, 운명적인 만남 이후 인생을 함께하는 동반자라는 인식이 느껴지는 대목이다.

롤링 스톤즈는 2021년 10월 17일, 미국 캘리포니아 잉글우드에 있는 소파이(SoFi) 스타디움에서 재거와 리처즈의 다트포드 기차역 재회 60주년을 기념하는 공연을 했다. 공연 직후 두 사람은 SNS에 '1961년~2021년 10월 17일 – 60년간 같은 기차에서'라고 적혀 있는 기타 플렉트럼(피크) 사진을 올리며 변함없는 우정을 과시했다.

믹 재거와 키스 리처즈의 다트포드 기차역 재회 60주년 기념 플렉트럼.

시크릿 경영 노트

스티브 잡스와 스티브 워즈니악, 래리 페이지와 세르게이 브린, 그리고 믹 재거와 키스 리처즈. 이들의 공통점은 단지 유명 인물이 아니라, 운명적인 파트너십을 통해 세상을 바꾼 인물들이라는 데 있다. 그들은 혼자서는 만들 수 없었던 혁신을 상호 보완적인 관계와 협업을 통해 현실로 만들어냈다.

잡스와 워즈니악은 전혀 다른 기질을 가졌지만, 서로의 강점을 결합해 애플을 공동 창업했다. 워즈니악은 개인용 컴퓨터의 회로와 프로그래밍을 실제로 구현했고, 잡스는 그것을 제품화하고 시장에 내놓을 수 있는 감각과 추진력을 지녔다. 워즈니악은 회고록에서 "내가 컴퓨터를 만든 사람이라면, 스티브는 그것을 세상에 알린 사람이었다."라고 평가했다.

구글의 공동 창업자인 페이지와 브린 역시 처음에는 성격 차이로 자주 충돌했지만, 웹 검색의 가능성에 대한 공통된 열정을 공유하면서 결국 서로의 기술적 역량과 비전을 융합했다. 브린은 훗날 "우리는 서로의 생각에 도전하면서, 더 나은 방향으로 진화했다."라고 말한 바 있다.

롤링 스톤즈의 재거는 프론트맨으로서의 카리스마와 비즈니스적 감각을, 리처즈는 곡 작업과 연주에서 창의성을 발휘해 밴드를 세계적 브랜드로 성장시켰다. 두 사람은 수십 년간 수많은 갈등과 충돌을 겪었지만, 그럼에도 협업을 지속하며 세계 대중음악사에서 유례없는 긴 생명력을 보여주었다.

이들의 사례는 모두 공통된 열정과 관심사에서 비롯된 우연한 만남이 세계적 영향력을 가진 기업과 브랜드로 발전할 수 있음을 보여준다. 특히 이들 관계는 단순한 동업이 아니라, 서로의 약점을 메우고 강점을 극대화하는 동반 관계라는 점에서 그 중요성이 강조된다. 각각의 인물이 단독으로는 성취하지 못했을 일들을, 파트너와 함께했기에 가능했던 것이다.

이는 창업이나 프로젝트 초기 단계에서 '누구와 함께하느냐'가 얼마나 결정적인지를 시사한다. 조직이 커지고 구조가 잡힌 뒤에는 파트너의 선택 폭이 좁아질 수 있지만, 초창기에는 모든 가능성이 열려 있다. 지금 옆에 앉아 함께 토론하는 동료, 같은 주제에 열정을 쏟고 있는 후배, 우연히 대화를 나눈 동아리 친구 중 누군가가 당신의 인생을 바꿀 파트너가 될 수도 있다.

벤처 투자자 폴 그레이엄(Paul Graham)은 "스타트업에서 팀의 조합이 아이디어보다 더 중요하다."라고 강조한 바 있다. 그만큼 창업의 성패는 기술이나 자본보다도 사람 간의 신뢰와 상호작용에 달려 있다는 것이다. 좋은 파트너십은 위기를 견디게 하고, 아이디어를 현실로 만들며, 긴 시간 지속 가능한 조직을 가능케 한다.

창업을 꿈꾸거나 새로운 프로젝트를 시작하려는 이들에게 중요한 것은, 지금 곁에 있는 사람들의 가능성을 다시 바라보는 것이다. 운명적인 파트너는 멀리 있지 않다. 때론, 가장 가까운 곳에 있다.

손절해야 할
타이밍을 알아라

: 밴드의 리더를 퇴출해야만 했던 속사정

　경영 컨설턴트인 제임스 콜린스는 그의 베스트셀러 저서 『좋은 기업을 넘어 위대한 기업으로』에서 인사 관리의 중요성에 대해 언급한다. 콜린스에 따르면 조직이 '어떠한 전략을 수립할 것인가'보다 더 중요한 것은 '누구와 같이 갈 것인가'이다. 그는 조직에 어울리지 않는 사람은 하루빨리 '버스'에서 내리게 하는 것이 상책이라고 서술한다.

　롤링 스톤즈가 추구한 악동 이미지는 꽤 근사했다. 문제는 이러한 이미지가 단지 멋있게 보이기 위한 쇼가 아니었다는 점이다. 혈기 왕성한 젊은이들의 문란한 섹스 라이프까지는 당시 시대적 상황에선 그럭저럭 봐줄 만했다. 그런데 안타깝게도 멤버들은 사회적으로 지탄받을 범죄까지 저질렀다. 주로 마약이 문제가 됐다. 금지된 약물 복용 혐의로 체포되는 일이 거듭되면서 롤링 스톤즈는 존폐의 기로에 설 정도로 위기를 겪기도 했다.

롤링 스톤즈의 대표적인 악동인 믹 재거와 키스 리처즈가 일으킨 수많은 섹스 스캔들과 마약 문제는 밴드의 본업인 음악에 치명적인 영향을 주진 않았다. 콜린스의 기준으로 따진다면, '버스'에서 내릴 정도는 아니었다는 의미이다.

그러나 브라이언 존스는 달랐다. 그는 마약에 중독돼 본업을 소홀히 했다. 그뿐 아니라 밴드 활동에 장애가 되기도 했다. '버스'를 운행하는 데 있어서 가장 큰 위험 요소였던 셈이다.

브라이언 존스의 사망 소식을 다룬 1976년 7월 3일 자 <뉴욕 타임스(New York Times)> 기사.

브라이언 존스는 롤링 스톤즈의 창립 멤버였다. 밴드의 리더이기도 했다. 존스가 믹 재거와 키스 리처즈, 이언 스튜어트, 빌 와이먼 등을 멤버로 받아들이지 않았더라면 우리가 알고 있는 롤링 스톤즈는 역사에 존재하지 않았을지도 모른다.

존스는 대중음악사에 한 획을 그은 연주자이기도 하다. 지금은 밴드에서 리드 기타리스트가 당연하게 존재하지만, 1960년대만 하더라도 존스처럼 기타를 전문으로 연주하는 멤버는 드물었다. 연주 실력도 뛰어났다. 전설적인 기타리스트 지미 헨드릭스조차 존스의 기타 연주 실력을 칭송할 정도였다. 그는 기타 외에도 하모니카, 시타르, 마림바 등을 자유자재로 다룰 줄 아는 천재 음악가였다.

그러나 존스에게도 약점은 있었다. 그는 작곡 능력이 부족했던 것으로 알려졌다. 적어도 재거와 리처즈 콤비가 추구한 록 스타일의 음악을 잘 만들진 못했다. 그는 처음부터 블루스에 심취해 있었고, 롤링 스톤즈도 처음엔 블루스를 연주하기 위해 만든 밴드였으니 어쩌면 당연한 일이었다. 특히 앤드루 루그 올덤이 롤링 스톤즈의 매니저를 맡은 후 음악적 방향성이 작사·작곡 콤비인 재거와 리처즈에 의해 좌우되면서 안타깝게도 밴드 내에서 존스의 역할은 줄어들었다.

그래서 한때 존스는 음악적 견해차를 이유로 롤링 스톤즈에서 탈퇴하는 것을 심각하게 고민하기도 했다. 여자 친구인 아니타 팔렌버그(Anita Pallenberg)와 새로운 밴드를 만들려는 구상이었다. 그러나 그가 탈퇴하면 소송을 걸겠다는 매니저의 협박으로 인해 이러한 구상은 물거품이 됐다. 블루스 음악을 하고 싶은 마음을 억누르고 록 음악을 하면서 작곡 능력은 인정받지 못한 채 밴드에서 탈퇴도 못 하는 답답한 상황으로 내몰렸다.

최악의 사건은 1967년 3월에 발생했다. 롤링 스톤즈 멤버들의 모로코 여행 도중 존스의 여자 친구인 아니타 팔렌버그가 키스 리처즈와 눈이 맞은 것이다. 밴드 동료의 여자 친구를 빼앗은 리처즈도 할 말은 있다. 존스가 팔렌버그를 때리는 모습을 목격하고 그녀를 도와주다가 정이 들었다는 설명이다. 어쨌든 이 일로 인해 팔렌버그와 결별한 존스는 더 이상 밴드 활동은 물론 음악 자체에 흥미를 잃어버리게 됐다.

그가 탈출구로 삼은 것은 마약이었다. 존스는 롤링 스톤즈의 앨범 ≪Their Satanic Majesties Request≫ 녹음 작업 도중에 마약에 취해 있는 경우가 많았다. 그리고 1968년쯤부터는 스튜디오에 거의 나타나지 않았다고 한다. 더 나아가 마리화나 소지 혐의로 두 차례 기소되고, 이 문제로 미국 비자 발급이 어려워지기까지 했다. 롤링 스톤즈의 창립자이자 리더가 어느새 밴드 활동에 걸림돌이 된 것이다.

급기야 롤링 스톤즈 멤버들은 1969년 6월 8일, 존스의 집을 방문해 해고를 통보했다. 생각해 보면, 하극상도 이런 하극상이 없다. 매니저의 총애를 받는 두 멤버가 주축이 돼 리더를 내쫓은 것이니까 말이다. 훗날 믹 재거는 존스를 해고하는 일은 쉽지 않은 결정이었다고 회고했다. 결정은 어려웠을지 몰라도 결론은 금방 나왔다. 멤버들이 "이제는 안 될 것 같아."라고 말하자 존스는 "그래, 그런 것 같아."라고 답했다고 한다. 이걸로 끝이었다. 존스는 이튿날 언론에 배포한 보도자료를 통해 자신의 탈퇴 사실을 알렸다.

이때까지만 해도 롤링 스톤즈의 남은 멤버들은 자신들이 한 일이 얼마나 선견지명이 있는 행위였는지 알지 못했다.

롤링 스톤즈에서 해고된 존스는 그해 7월 2일과 3일 사이 한밤중에 자신의 집 수영장 바닥에서 움직이지 않는 상태로 발견됐다. 여자 친구의 신고로 의료진이 도착했을 땐 존스는 이미 숨을 거둔 후였다. 향년 27세. 사인은 익사였고, 사망 당시 마약과 술을 과다 복용한 것으로 드러났다. 롤링 스톤즈 탈퇴 이후 한 달이 채 안 된 시점이었다.

존스의 죽음은 록 음악의 역사에서 무척 안타까운 사건이었지만, 롤링 스톤즈의 입장에선 가슴을 쓸어내릴 만한 일이었다. 만약 존스가 롤링 스톤즈 멤버인 채로 사망했다면 밴드 활동은 돌연 올스톱됐을 테니 말이다.

논픽션 작가인 리치 코언(Rich Cohen)은 2016년 〈월 스트리트 저널(Wall Street Journal)〉에 기고한 글에서 롤링 스톤즈가 존스를 해고한 결정에 대해 "비록 무자비한 결정이었지만, 문제의 싹을 제거해 장수의 토대를 마련했다."라고 평가했다.

사업적으로는 그럴지 몰라도, 멤버들은 일말의 미안함을 갖고 있지 않을까?

적어도 믹 재거는 아닌 것 같다. 그는 1995년 음악 잡지 〈롤링 스톤〉과의 인터뷰에서 존스의 죽음에 죄책감을 느끼느냐는 질문에 "그렇지 않다."라며 "내가 매우 유치하게 행동했다고 느끼긴 한다. 하지만 우리는 너무 어렸다."라고 말했다. 그러면서 그는 "어떤 면에서 우리는 그를 괴롭혔지만, 그는 스스로 (괴롭힘의) 타깃이 됐다."라며 "그는 매우 질투심이 강했고, 까다로웠으며, 영악했다."라고 비난했다.

실제로 존스의 장례식장에 참석한 롤링 스톤즈 멤버는 찰리 와츠와 빌 와이먼 둘뿐이었다. 그 자리에 키스 리처즈와 믹 재거는 없었다. 심지어 존스가 사망하자마자 리처즈는 존스의 옛 애인 아니타 팔렌버그와 공식적으로 동거를 시작해 1980년까지 사실혼 관계를 맺었다.

키스 리처즈와 이언 스튜어트.

 경우는 다르지만 롤링 스톤즈가 '버스' 탑승객을 하차시킨 사례는 또 있다. 밴드의 창립 멤버이자 키보드 연주자였던 이언 스튜어트를 공식 라인업에서 배제한 일이다.

 활동 초기인 1963년 5월에 있었던 일이다. 그 당시 매니저였던 앤드루 루그 올덤은 스튜어트의 많은 나이와 사각턱을 이유로 그를 무대에 서지 못하게 했다. 올덤은 스튜어트에게 이러한 결정을 알리면서, 만약 그가 원한다면 로드 매니저 겸 객원 피아니스트로 활동할 것을 제안했다. 스튜어트는 이 제안을 수락했다. 스튜어트는 비록 정식 멤버 자격은 잃었지만, 1985년 12월 12일 사망할 때까지 롤링 스톤즈와 함께 20년 넘게 활동했다. 그는 1964년부터 1986년까지 발표된 롤링 스톤즈 앨범 대부분에서 피아노, 오르간, 퍼커션을 연주했다. 1969년부터 1982년까지 진행된 투어 일부에서는 무대에 올라 피아노 연주를 담당하기도 했다.

믹 재거는 스튜어트가 사망한 직후 인터뷰에서 "우리는 곡을 쓰거나 리허설을 할 때 그의 승인을 원했다. 우리는 그가 좋아하길 바랐다."라며 비록 스튜어트가 공식 라인업에서 배제됐어도 늘 함께한 멤버라는 점을 강조했다.

키스 리처즈는 2010년 자서전 『라이프*(Life)*』에서 스튜어트에 대해 "나는 여전히 그를 위해 작업한다. 나에게 있어서 롤링 스톤즈는 그의 밴드이다. 그의 지식과 조직력이 없었더라면, 우리는 아무 곳에도 존재하지 않았을 것."이라고 회고했다.

올덤은 스튜어트의 나이와 사각턱을 문제 삼았지만, 스튜어트는 어쩌면 애초부터 다른 멤버들과 어울리지 않는 사람이었을지도 모른다. 유능한 매니저였던 올덤이 이 점을 정확하게 간파하고 밴드에서 그를 분리시켰을 수도 있다.

스튜어트 주변 인물들의 증언에 따르면, 그는 다른 롤링 스톤즈 멤버들과 다소 다른 취향을 갖고 있었다. 리처즈와 재거 등이 마약과 섹스에 탐닉하는 동안 그는 골프를 즐겼다. 로드 매니저를 겸했던 스튜어트는 롤링 스톤즈의 투어 일정에 맞춰 호텔을 예약할 때 골프 코스가 있는 곳을 선호했다고 한다. 롤링 스톤즈 멤버들이 소득세를 회피하기 위해 이웃 나라로 망명한 것에 대해서도 "그들은 자신의 조국에서 살지도 못한다."라며 비판적인 견해를 밝혔다.

시크릿 경영 노트

경영학자 제임스 콜린스는 이른바 '버스 이론(Bus Theory)'을 제시하며, "조직은 먼저 적합한 인재를 버스에 태우고, 부적합한 인재는 내리게 한 뒤, 그다음에야 어디로 갈지를 정해야 한다."라고 했다. 이는 전략보다 사람이 우선이라는 강력한 메시지이며, 조직의 성패는 구성원 한 사람 한 사람의 '적합성'에 달려 있음을 시사한다.

롤링 스톤즈가 브라이언 존스를 해고한 사례는 아무리 뛰어난 재능과 역사적 기여가 있더라도, 조직의 현재와 미래에 적합하지 않은 인물은 과감히 결별해야 할 시점이 올 수밖에 없다는 사실을 보여준다. 존스는 기타와 키보드, 심지어 시타르 등 다양한 악기를 소화하며 밴드의 사운드에 독창성을 부여했지만, 그의 협업 불능 상태는 결국 전체 조직의 역동성을 해쳤다. 이는 콜린스가 말한 '적합한 인재만이 아니라, 부적합한 인재를 빠르게 내리는 것 또한 리더의 중요한 의무'라는 원칙과 일치한다.

반면, 또 다른 창립 멤버였던 이언 스튜어트의 이야기는 조금 다르다. 그는 '외모가 상업적이지 않다'라는 이유로 정식 라인업에서 제외됐지만, 무대 앞이 아닌 조직의 뒤에서 묵묵히 헌신하며 조직의 안정성과 지속성을 뒷받침했다. 이 사례는 버스 이론의 또 다른 층위를 보여준다. 버스에 탄 사람은 반드시 눈에 띄는 자리에 있어야만 하는 것이 아니다. 모든 조직에는 전면에 나서지는 않지만, 조직의 기능을 지속 가능하게 만드는 숨은 기둥들이 존재한다. 이들의 가치를 인지하고 존중하는 조직은 더욱 강하고, 더 오래간다.

결국 조직이 성공하기 위해서는 두 가지를 동시에 수행해야 한다. 하나는 현재와 미래의 조직 방향성과 맞지 않는 인재를 과감히 정리하는 결단력, 다른 하나는 보이지 않는 곳에서 진심으로 헌신하는 인재를 인식하고 존중하는 감수성이다. 제임스 콜린스는 이렇게 말했다. "버스에 적절한 사람들이 타고 있다면, 사람들을 동기부여하고 관리하는 문제는 대부분 사라진다."

핵심 인재는
쉽게 버리지 말아라

: 누구에게나 또 한 번의 기회는 있다

롤링 스톤즈는 60년 넘는 활동 과정에서 수많은 위기를 겪었다. 특히 멤버들의 마약 중독 문제는 밴드의 존립 자체를 위태롭게 만들었다. 대표적인 문제아는 브라이언 존스와 키스 리처즈였다.

브라이언 존스는 밴드의 창립 멤버이자 음악적 리더였지만, 마약과 알코올에 깊이 빠지면서 점차 음악 활동에 지장을 주기 시작했다. 리허설과 녹음에 자주 불참하거나, 정신적으로 불안정한 모습을 보이면서 밴드의 운영에 큰 부담이 됐다. 결국 그의 상태는 밴드 전체의 활동을 저해하는 수준에 이르렀고, 이는 멤버 간의 신뢰에도 심각한 균열을 가져왔다.

키스 리처즈도 1970년대에 심각한 약물 중독 문제를 겪었지만, 그가 밴드에 끼친 영향은 달랐다. 리처즈는 여전히 작곡과 공연에서 핵심적인 역할을 유지했고, 팬들과 언론은 그를 '반항적 아이콘'으로 받아들였다. 물론 그의 중독 문제는 여러 차례 법적 위기를 불러왔고 밴드 일정에도 차질을 빚었지만, 리처즈는 점차 치료 의지를 보였고 밴드 역시 그 가능성에 기대를 걸었다.

두 멤버에 대한 인사 해법은 전혀 달랐다. 롤링 스톤즈는 존스를 '버스'에서 내리도록 했지만, 리처즈에게는 그런 가혹한 결정을 내리지 않았다. 오히려 그의 재활 기간 동안 복귀를 기다렸고, 복귀 후에는 다시 주도적인 역할을 하도록 했다.

이 같은 차이는 두 사람이 조직에서 '핵심 인재'인지 여부에 따라 달라졌다고 볼 수 있다. 물론 존스는 롤링 스톤즈의 리더였고 뛰어난 기타리스트였지만, 밴드에서의 역할은 제한적이었다. 무엇보다 그는 밴드 활동에서 가장 중요한 작사·작곡에 주도적으로 참여하지 않았다. 롤링 스톤즈 정도의 유명 밴드라면 존스보다 기타를 더 잘 연주하는 기타리스트를 얼마든지 영입할 수 있다.

이에 비해 리처즈는 믹 재거와 함께 롤링 스톤즈의 거의 모든 곡을 만드는 송 라이팅 콤비로서 확실한 역할을 갖고 있었다. 또한, 리처즈는 롤링 스톤즈의 음악적 뿌리라고 할 수 있는 시카고 블루스에 정통한 기타리스트이기도 했다. 그가 빠지면 밴드의 음악 스타일이 완전히 달라지게 되므로 대체 불가한 멤버였다. 조직 입장에서 반드시 확보하고 있어야 하는 필수 자산이라는 뜻이다.

제임스 콜린스는 "기업이 성장하려면 핵심 인재를 지키고 올바른 역할을 부여하는 것이 중요하다."라고 강조했다. 피터 드러커는 "조직의 가장 중요한 자산은 인재이며, 이들이 올바르게 배치될 때 조직은 성공할 수 있다."고 했다. 두 경영 구루가 하고 싶은 말은 결국 똑같다. 핵심 인재는 웬만한 실수를 저지르더라도 내치지 말고 끌어안아야 한다는 점을 내포하고 있다.

1973년 6월 27일, 키스 리처즈와 그의 여자 친구 아니타 팔렌버그가 마약 관련 재판을 받기 위해 런던 법원에 출석하며 담배를 피우고 있다. ⓒalamy

이처럼 핵심 인재에게 새로운 기회를 주고 계속해서 역할을 부여하는 사례는 기업 현장에서도 종종 확인된다.

심리학자 캐럴 드웩(Carol Dweck)은 사람이 실수를 하거나 실패하더라도 적절한 환경에서 기회를 제공하면 지속적인 성장과 성과 향상이 가능하다는 점을 밝혀냈다. 반대로, 실패나 실수를 이유로 바로 배제하거나 해고하는 조직은 장기적으로 창의성과 혁신성을 저하시킨다는 결과를 제시했다. 이른바 '성장 마인드셋(growth mindset)' 이론이다.

이 이론에 따르면 성장 마인드셋을 가진 조직은 단기적인 실패를 처벌하는 것이 아니라, 이를 성장의 기회로 활용하는 방식을 취한다. 기존 인재를 내보내는 것보다 실패를 통해 배우고 더 나은 역할을 수행하도록 기회를 주는 것이 조직에 더 유익하기 때문이다.

성장 마인드셋 이론을 통해 위기를 극복한 기업으로는 MS가 있다. MS는 2000년대 후반 '스택 랭킹(stack ranking)' 시스템을 도입했다. 직원들을 상대 평가해 하위 10%를 해고하는 제도였다. 이 제도는 팀 내 협업이 약해지고 직원들의 사기가 저하되는 결과로 이어졌고, 내부 갈등은 심각한 수준에 이르렀다. 하위 평가를 받은 엔지니어들은 구글, 아마존 등 경쟁사로 대거 이탈했다. 해고 대상이 아닌 인력도 불안한 회사 분위기에 불만을 품고 퇴사하는 일이 잦았다.

MS를 위기에서 구한 건 2014년 CEO에 취임한 사티아 나델라*(Satya Nadella)*였다. 그는 가장 먼저 스택 랭킹 제도를 폐지하고, 성장 마인드셋 제도를 도입했다. 기존에 해고 위기에 몰렸던 직원들에게 재교육과 새로운 역할 기회를 제공했다. 조직 내부의 인재를 최대한 활용하는 방향으로 전략을 수정한 것이다. 특히 클라우드와 인공 지능(AI) 부문에서 기존 직원들의 역량을 재훈련함으로써 MS의 차세대 성장 동력으로 삼았다.

앞서 IBM도 비슷한 경험을 했다. 1990년대 초반, 이 회사는 비효율적인 관료주의와 하향식*(top-down)* 조직 문화로 인해 혁신 속도가 느려졌고, 이는 대규모 해고와 핵심 인재들의 이탈로 이어졌다. 1993년 IBM의 CEO로 부임한 루 거스너*(Lou Gerstner)*는 IBM의 조직 개편을 단순한 해고가 아닌 재교육 중심으로 전환함으로써 회사를 위기에서 구해낼 수 있었다.

2000년대 중반 포드는 새로운 CEO가 된 앨런 멀랠리*(Alan Mulally)*가 대규모 해고 대신 인재를 내부적으로 재배치하는 전략을 선택하면서 금융위기에 따른 매출 부진을 극복하고 생존할 수 있었다.

물론 마약 중독 문제와 단순 저성과 문제는 전혀 다른 얘기라고 볼 수 있다. 특히 다른 문제와는 달리 마약은 실제 기업 현장에서 매우 심각하게 받아들여지는 경우가 많다. 일론 머스크는 테슬라와 스페이스X에서 마약을 사용하다 적발된 직원에 대해 무관용 정책(zero-tolerance policy)을 시행하고 있다. 스티브 잡스도 애플에서 마약을 사용하는 고위직을 바로 해고하는 강경한 정책을 폈다. 다만 어떤 조직이든 대체 불가한 '핵심 인재'에 대해서는 해고보다 재활 기회를 제공하는 게 장기적으로 조직에 도움이 될 수 있다.

시크릿 경영 노트

리더십 전문가인 사이먼 시넥(Simon Sinek)은 그의 저서 『리더 디퍼런스(Leaders Eat Last)』에서 "좋은 리더는 위기의 순간에 사람들을 지키고, 장기적인 관점에서 조직을 운영한다."라고 했다. 그는 리더십의 중심에는 심리적 안전감(psychological safety)과 신뢰 기반의 조직 문화가 있어야 하며, 진정한 리더는 위기의 순간에도 사람을 보호하려는 선택을 해야 한다고 강조한다. 조직의 지속 가능성은 단기적인 실적이 아니라, 장기적으로 헌신하는 인재를 어떻게 다루느냐에 달려 있다는 것이다.

이 철학은 롤링 스톤즈의 키스 리처즈 사례와 매우 흡사하다. 리처즈는 1970년대와 1980년대 초반 심각한 마약 중독에 빠졌고, 여러 차례 체포되었으며, 공연이나 녹음 일정에도 차질을 빚었다. 일반적인 조직이라면 '위해 인물'로 간주해 즉시 퇴출시켰을 상황이었다. 실제로 그가 1977년 캐나다에서 헤로인 소지 혐의로 대형 재판을 받을 당시, 밴드의 향후 존속 여부 자체가 불투명했다.

하지만 믹 재거를 비롯한 롤링 스톤즈 멤버들은 그를 배제하지 않았다. 오히려 그가 재활에 성공할 수 있도록 시간과 기회를 제공했고, 캐나다 법원에 탄원서를 제출하며 사회적 책임 활동(자선 공연)을 통해 문제를 해결해 나갔다. 리처즈는 이후 마약 중독을 극복했고, 지금까지도 밴드의 핵심 창작자이자 리더로 남아 있다.

이는 단순한 동료애의 문제가 아니다. 핵심 인재의 복귀 가능성과 장기적 기여 잠재력을 조직이 신뢰했고, 그 가치를 평가해 낸 리더십이 있었기에 가능한 선택이었다. 사이먼 시넥이 말하는 '사람 중심 리더십'이 실제로 작동한 대표적 사례라고 할 수 있다.

조직은 인재가 실수하거나 어려움에 부닥쳤을 때, 즉각적인 배제보다는 재적응과 회복의 기회를 제공하는 데 집중해야 한다. 마약에 중독된 키스 리처즈가 롤링 스톤즈에서 퇴출되지 않고 재활을 거쳐 다시 핵심 멤버가 된 것처럼, 기업도 핵심 인재에게 두 번째 기회를 제공하는 것이 장기적 성공의 핵심 전략이 될 수 있다.

7
운둔근을 기억하라

운이 올 때까지
실력을 키워라

: 실력과 전략에 운이 더해진 순간

삼성 창업주 고(故) 이병철 회장은 성공의 세 가지 요소로 '운(運)·둔(鈍)·근(根)'을 꼽았다. 운둔근은 그가 생전 붓글씨로 가장 즐겨 쓰던 휘호로도 잘 알려져 있다. 운(運)을 잘 타고나야 하고, 그 운이 들어올 때까지 기다릴 줄 아는 둔(鈍)한 맛이 있어야 하고, 버티는 근성(根)이 있어야 한다는 게 이병철 회장의 경영 철학이었다.

그중에서도 으뜸은 운이다. 뛰어난 지략과 강인한 행동력을 지닌 강력한 카리스마형의 지도자로 평가받는 이병철 회장조차도 사업에서 운이 얼마나 중요한지 알았다.

이름을 널리 알린 경영자들이 성공 비결로 운을 언급하는 것은 단지 겸손하게 보이기 위해서가 아니다. 실제로 운은 성공에서 중요한 역할을 한다. 행동경제학의 창시자이자 노벨 경제학상 수상자인 대니얼 카네만(Daniel Kahneman)은 '성공=재능+운, 큰 성공=약간의 재능+큰 행운'이라는 공식으로 성공과 운의 상관성을 설명했다. 세상의 모든 일에 있어서 운이 7할, 재주가 3할이라는 뜻의 '운칠기삼(運七技三)'을 경제학적으로 설명한 것이다.

기업 경영 현장에서도 운이 작용한 사례를 어렵지 않게 찾아볼 수 있다. 다만 운이라는 것은 그 자체보다도, 기회를 포착하고 전략적으로 활용하는 능력을 수반할 때 성공으로 연결된다. 준비된 자만이 행운을 거머쥘 수 있다는 의미이다.

애플이 스마트폰 구상을 현실로 만들 수 있었던 것은 터치스크린 기술의 발전과 통신 인프라의 개선이 맞물리는 시기적 운이 따랐기 때문이다. 그러나 스티브 잡스가 휴대전화 시장의 변화 흐름을 정확하게 포착하지 못했다면 행운의 기회를 잡을 수 없었을 것이다. 아이폰의 성공은 단순한 운이 아니라, 미래 기술을 예측하고 철저히 준비했기에 가능했다고 볼 수 있다.

테슬라도 마찬가지다. 전기차 시장이 급성장할 수 있었던 배경에는 탄소 배출 규제 강화와 배터리 기술 발전이 있었음을 부정하기 힘들다. 전기차 기업 입장에서는 운이 따른 것이다. 하지만 일론 머스크가 2000년대 후반 전기차 산업이 급성장할 것이라는 흐름을 예측하고 테슬라에 집중 투자하지 않았다면 테슬라의 성공은 불가능했을 것이다. 그 당시 많은 기업이 전기차 시장에 회의적이었다는 점을 생각해 보면, 준비된 자만이 행운의 기회를 잡을 수 있다는 진리를 확인할 수 있다.

롤링 스톤즈 역시 실력과 전략만으로는 성공할 수는 없었다. 이들에게는 중요한 순간마다 운이 따랐던 게 사실이다.

첫 번째 운은 믹 재거와 키스 리처즈가 다트포드 기차역에서 만난 것이고, 그 순간 리처즈가 블루스 음반을 들고 있었던 것이다. 이날 만남이 없었다면, 그리고 그들이 머디 워터스와 척 베리의 음악을 대화 주제로 삼지 않았다면 롤링 스톤즈는 결성되지 않았을 것이다.

롤링 스톤즈의 데뷔 공연에도 운이 따랐다. 런던 옥스퍼드 스트리트에 있는 마키 클럽*(Marquee Club)*에서 인기를 끌던 블루스 인코퍼레이티드*(Blues Incorporated)*의 '땜빵'으로 출연한 것이 이들의 출발이었다. 만약 블루스 인코퍼레이티드가 BBC 방송 녹화를 위해 자리를 비우지 않았다면 롤링 스톤즈의 데뷔 무대는 기약 없이 늦춰졌을 수도 있었다. 롤링 스톤즈는 1962년 7월 12일 마키 클럽에서의 첫 공연 이후 2년 동안 정기적으로 이 무대에 서며 연주 실력과 대중적 인지도를 쌓았다.

롤링 스톤즈가 1962년 7월 12일 첫 공연을 했던 마키 클럽. ⓒalamy

롤링 스톤즈의 운을 이야기할 때 앤드루 루그 올덤을 빼놓을 수 없다. 올덤은 비틀즈의 매니저 브라이언 엡스타인*(Brian Epstein)* 밑에서 일한 것을 계기로 음악 업계 인맥이 많았다. 그는 한 음악 잡지 기자의 소개로 롤링 스톤즈의 공연을 보러 갔다가 이 밴드의 '상품성'에 눈이 번쩍 뜨였다고 한다. 그리고 며칠 만에 롤링 스톤즈와 매니지먼트 계약을 체결했다. 당시 19살에 불과했던 그는 천재적인 감각으로 롤링 스톤즈의 '악동' 이미지를 마케팅에 활용했고, 믹 재거와 키스 리처즈에게 자작곡을 만들도록 격려했으며, 결국 1년 만에 롤링 스톤즈를 비틀즈에 버금가는 밴드로 성장시켰다.

롤링 스톤즈 멤버들에게 최악의 시련을 가져다줬던 앨런 클라인과의 매니지먼트 계약도 결과적으로 나쁘지만은 않았다. 클라인의 사기 행각을 계기로 롤링 스톤즈는 밴드의 경영 체계를 재정립할 수 있었고, 그 후로 본격적인 수익 창출과 탄탄한 재정을 바탕으로 장수의 기반을 다졌다.

타이밍에도 운이 따랐다. 롤링 스톤즈가 데뷔한 시점부터 기가 막히게 좋았다. 롤링 스톤즈가 첫 앨범을 발표한 1964년, 비틀즈는 이미 영국에서의 인기를 바탕으로 미국에 건너가 신드롬을 일으키고 있었다. 그해 2월에는 직접 미국을 방문해 〈에드 설리번 쇼〉에 출연했으며, 4월에는 노래 다섯 곡이 〈빌보드 핫 100〉 차트 1위부터 5위까지 모두 차지하는 기록을 세웠다. 비틀즈의 인기는 자연스럽게 영국 록 밴드에 관한 관심으로 이어졌고, 바로 이때 롤링 스톤즈의 데뷔 앨범이 발표됐다. 롤링 스톤즈가 데뷔 앨범 발표 두 달 만에 북미 투어에 나설 정도로 짧은 시간 동안 높은 인지도를 쌓을 수 있었던 것은 비틀즈가 미리 길을 닦아 놓은 덕분이라는 데 이견을 제시할 사람은 없다.

특히 최대의 라이벌이자 영원한 '넘사벽'이던 비틀즈가 전성기에 해체된 건 하늘이 도운 것이라고밖에 할 수 없다. 롤링 스톤즈는 비틀즈의 해체 이후 활동 범위를 본격적으로 넓히며 세계 최고의 록 밴드 자리를 차지할 수 있었다.

롤링 스톤즈가 스타디움 투어를 본격화하던 1980년대 초 미국에서 MTV가 개국했다는 점도 행운이었다. 롤링 스톤즈가 1981년에 발표한 〈Start Me Up〉 뮤직비디오는 MTV에 반복적으로 노출되며 스타디움 록의 대표곡으로 자리를 잡았고, 이는 롤링 스톤즈 콘서트에 더 많은 관객이 유입되는 결과로 이어졌다.

문란한 사생활이 별다른 문제가 되지 않던 시대에 활동했던 것도 운이라면 운이다. 믹 재거를 비롯한 멤버들은 그루피들을 성적으로 공유했고, 그루피 중에는 미성년자가 일부 있었다는 의혹도 있다. 지금이라면 심각한 사회 문제가 될 일이지만, 1970년대에는 인기 뮤지션의 은밀한 사생활 정도로 취급됐다.

믹 재거가 섹스의 화신이었다면 키스 리처즈는 마약 중독

자로 유명했다. 1960년대부터 1970년대에는 많은 뮤지션들이 마약을 했지만, 리처즈는 그중에서도 심각한 수준이었다. 다만 리처즈는 자신의 몸을 '성전'으로 여기고 고급 마약만 복용했기 때문에 아직까지 생존할 수 있었다고 자랑스럽게 말한다. 그는 1978년에 헤로인을 끊었고, 2006년에는 코카인 복용을 중단했다. 짐 모리슨(*Jim Morrison*)이나 지미 헨드릭스 같은 동시대 뮤지션들이 약물 과다 복용으로 요절한 것을 생각하면, 리처즈가 80살이 넘은 지금까지 무대를 뛰어다닐 만큼 체력을 타고난 것 역시 운이라고 할 수 있다.

물론 롤링 스톤즈에게 행운의 기회가 왔을 때, 그리고 위기에서 운 좋게 벗어났을 때 이들이 도약을 하며 지속적인 성장을 할 수 있었던 것은 음악 실력과 경영 전략이 뒷받침됐기 때문이다.

결성 초기부터 롤링 스톤즈는 미국 블루스 음악에 뿌리를 둔 정통성을 유지했다. 대중적인 팝 음악보다 난이도가 높은 블루스에 몰입한 덕분에 이들은 어떤 무대에서도 연주력으로 승부할 수 있는 기본기를 갖췄다. 또한, 비틀즈의 '엄친아' 이미지와 대비되는 '악동' 스타일로 승부를 걸었고, 콘서트 중심의 사업 모델을 추진하며 수익 구조를 탄탄하게 만들었다.

    누구에게나 언젠가 운이 온다. 다만 준비된 자만이 그 운을 누릴 수 있는 것이다.

시크릿 경영 노트

워런 버핏 버크셔 해서웨이 회장은 "나의 재능에 가치를 부여해 주고, 나에게 그런 재능을 개발할 수 있는 교육을 제공해 주고, 내가 하는 일을 사랑할 수 있는 법률과 금융 시스템이 갖춰진 때와 장소에 내가 태어나 많은 돈을 벌 수 있는 것은 행운."이라고 말한 바 있다. 딱 맞는 장소(right place)와 딱 맞는 시기(right time)에 존재하는 운이 없었다면, 지금처럼 부와 명예를 모두 가질 수 없었을 것이라는 설명이다.

실제로 성공하는 사람들에게는 뛰어난 재능과 첨예한 전략 외에도 운이 중요하게 작용한다. 버락 오바마 행정부에서 백악관 경제자문위원장을 지낸 앨런 크루거가 '부의 편중' 원인 중 하나로 운을 지목한 것도 이 때문이다. 똑같은 재능을 갖고 있어도 운이 없으면 돈을 벌지 못한다고 그는 지적했다.

롤링 스톤즈는 믹 재거와 키스 리처즈의 운명적 만남부터 데뷔 무대를 얻은 기회, 그리고 앤드루 루그 올덤과 같은 유능한 매니저를 만난 것과 같은 운에 힘입어 큰 도약을 할 수 있었다. 이는 기업이 성공하기 위해서는 뛰어난 전략과 실력 외에도 외부 환경과 운이 적절히 결합되어야 한다는 점을 보여준다.

둔하게 인내하는
미덕을 가져라

: 60년간 무너지지 않은 일관성과 끈기

　이병철 회장이 운에 이어 강조한 둔(鈍)은 '둔하다', '무디다' 따위의 뜻이다. 흔히 부정적인 의미로 쓰이지만, 경영에서는 반드시 필요한 덕목이다. 한자를 풀어 보면, 무쇠(金)처럼 굳건히 뿌리박고(屯) 서 있는 나무의 모양이다. 즉 단기적인 성과에 집착하지 않고, 꾸준한 노력과 인내를 바탕으로 장기적인 성공을 추구하는 자세를 내포한다.

　삼성의 '둔' 경영은 대한민국을 반도체 강국으로 만드는 초석이 됐다. 삼성의 반도체 사업은 1974년 12월 이건희 회장이 개인 재산을 털어 반도체 웨이퍼 가공 생산 업체인 한국반도체를 인수하면서 시작됐다. 그 당시는 오일 쇼크로 경기가 침체되고 삼성 주요 계열사들이 경영난에 허덕이던 시기였다. 그래서 주변 사람들 모두 한국반도체 인수를 반대했다. 실제로 한국반도체는 삼성에 인수된 후에도 한동안 자본 잠식에 빠지고 부도 위기를 겪었다.

이때 이건희 회장에게 힘을 실어준 사람은 그의 아버지 이병철 회장이었다. 한때 "반도체가 뭐고?"라고 묻던 이병철 회장은 반도체 공부에 매진했고, 미국 주요 기업들을 방문하며 반도체 사업의 가능성을 알아차렸다. 그러나 이병철 회장이 1983년 '도쿄 선언'을 통해 본격적인 반도체 사업 진출을 선언했을 때 많은 사람은 성공을 자신하지 못했다. 성공은커녕 실패를 예상한 사람들이 많았던 게 사실이다. 일본 미쓰비시 연구소는 한국이 반도체를 할 수 없는 다섯 가지 이유로 ▲협소한 한국 내수시장 ▲취약한 관련 사업 ▲부족한 사회간접자본 ▲삼성전자의 작은 규모 ▲빈약한 기술을 꼽으며 비웃었다.

이병철 회장은 주변의 만류와 냉소에도 굴하지 않고, '반도체 사업은 나의 마지막 사업이자 삼성의 대들보가 될 사업'이라며 대규모 투자를 단행했다. 그 결과 삼성전자는 반도체 사업 진출 1년도 안 돼 세계에서 세 번째로 64K D램을 개발해 세상을 놀라게 했고, 1992년에는 세계 최초로 64Mb D램을 개발하며 메모리 반도체 1등 기업의 역사를 써 내려갔다. 만약 이건희 회장이 한국반도체의 실적이 부진하다는 이유로 반도체 사업을 포기했다면 지금 우리가 아는 삼성전자, 더 나아가 오늘날 대한민국은 없었을지도 모른다. 아버지와 아들이 단기간의 이익보다는 기술력 확보와 시장 선점을 위한 긴 호흡의 경영 전략을 폈기 때문에 삼성 반도체는 성공할 수 있었다. '둔'의 경영 철학이 장기적인 경쟁력 강화로 이어진 대표적 사례라 할 수 있다.

SK하이닉스가 고대역폭 메모리(HBM) 시장의 강자로 우뚝 선 것 역시 '둔'의 또 다른 사례라고 볼 수 있다. SK하이닉스는 메모리 반도체 시장 2위 업체였다. 1위 삼성전자와의 격차도 컸다. 하지만 메모리의 한 종류인 HBM 시장에서 SK하이닉스가 선두에 올랐다. SK하이닉스가 HBM을 처음 개발한 2013년만 해도 HBM 시장은 전체 메모리 시장의 1%에도 못 미치는 미미한 규모였다. 그러나 SK하이닉스는 경쟁사가 '돈 안 되는' HBM 사업을 일시적으로 중단한 와중에도 HBM 성능 개선에 힘을 쏟았다. 그리고 2023년, AI 반도체 수요 증가로 HBM 수요가 덩달아 커지는 '운'이 오자 그동안 '둔'하게 연구·개발에 주력해 온 SK하이닉스가 시장 주도권을 잡을 수 있었다. 최태원 SK 회장의 우직한 경영 스타일이

빛을 발하는 순간이었다.

'둔'을 말할 때 빼놓을 수 없는 기업은 LG다. 1990년대 후반부터 디스플레이 시장은 액정디스플레이(LCD)가 대세였다. 대부분의 기업이 단기 수익을 기대할 수 있는 LCD에 집중할 때, LG는 누구도 본격적으로 상용화하지 않던 유기발광다이오드(OLED) 기술에 주목했다. 당시 OLED는 수율이 낮고 제조 단가가 높아 '적자의 기술'로 불렸다. 하지만 LG는 오랜 시간에 걸쳐 기술을 축적하며 꾸준히 OLED 패널 생산 라인에 투자했고, 심지어 LCD 사업을 철수하면서까지 OLED에 '올인'하는 전략을 택했다. 그 결과는 시간이 흐른 뒤에 드러났다. 콘텐츠 스트리밍이 보편화되면서 화질과 명암비, 색 재현력이 중요한 프리미엄 TV 시장이 급성장했고, OLED는 그 중심에 섰다. 한때 '돈이 되지 않는다'고 외면받던 OLED는 결국 LG의 이름을 세계 디스플레이 시장에 각인시킨 기술이 됐다.

이 밖에도 당장의 수익보다 고객 중심의 서비스 구축과 물류 인프라 확충에 집중한 아마존, 단발적인 성공보다는 지속가능한 성장과 품질 향상을 위해 인내하는 경영 방식을 고수한 토요타 등은 '둔' 경영의 대표적인 사례라고 볼 수 있다.

이처럼 경영에서 '둔'은 인내와 꾸준함을 뜻하는 긍정적인 단어이다. 롤링 스톤즈의 60년 넘는 꾸준한 활동과 지속적인 인기의 배경에도 '둔' 경영 전략이 있었다. 특히 롤링 스톤즈의 초기 시절을 보면, 그들이 '둔'의 미덕, 즉 인내하며 기다리는 태도를 어떻게 구체적으로 실천했는지 명확히 알 수 있다.

1960년대 초, 롤링 스톤즈는 런던의 소규모 클럽과 라이브 하우스에서 주로 활동했다. 처음에는 단순한 블루스 커버 중심의 연주였으나, 멤버들은 자신의 개성과 창의력을 반영한 새로운 곡을 만들기 위해 꾸준히 시도했다.

롤링 스톤즈의 1965년 싱글 <(I Can't Get No) Satisfaction>

롤링 스톤즈가 처음부터 비틀즈와 어깨를 나란히 하는 록 밴드였던 것은 아니다. 대중과 평단의 큰 호응을 얻지 못한 노래도 여럿 있다. 그러나 롤링 스톤즈는 실패를 배움의 기회로 삼아 반복되는 시도 속에서 자신들만의 독특한 사운드와 스타일을 발전시켰다.

비틀즈가 포문을 연 '브리티시 인베이전'에 참전하며 1964년 처음으로 미국에 진출한 롤링 스톤즈는 이듬해 〈(I Can't Get No) Satisfaction〉을 영국이 아닌 미국 시장에서 먼저 발표하며 단숨에 〈빌보드 핫 100〉 차트 1위를 차지했다.

롤링 스톤즈가 미국에 진출할 수 있었던 것은 '운'이다. 비틀즈가 이미 미국에서 인기를 끌고 있었고, '비틀마니아' 현상이 영국 문화에 관한 관심으로 이어지며 롤링 스톤즈가 주목을 받게 된 측면이 크다. 다만 롤링 스톤즈가 데뷔 이후 꾸준하고 '둔'하게 미래를 준비해 왔다는 점은 이들이 운을 놓치지 않을 수 있는 기반이 됐다는 점은 분명하다.

1970년, 비틀즈가 갑작스럽게 해체됐을 때도 마찬가지다. 롤링 스톤즈 멤버들은 단기적인 성공보다는 자신들만의 음악적 정체성을 찾는 데 오랜 시간을 투자해 왔고, 비틀즈가 해체되자 비틀즈의 아류가 아닌 오리지널리티를 확보한 밴드로서 대중음악 시장을 장악할 수 있었다. 롤링 스톤즈의 성공은 인내와 기다림의 미덕, 즉 '둔'의 가치를 몸소 실천한 사례로 볼 수 있다.

시크릿 경영 노트

운은 누구에게나 온다. 그러나 운을 잡는 사람은 정해져 있다. 둔할 정도로 우직하게 미래를 준비해 온 사람만이 운을 거머쥐는 것이다. 삼성전자, SK하이닉스, LG 등의 사례는 위기와 역경 속에서도 인내와 꾸준한 혁신을 통해 시장의 주도권을 확보할 수 있었던 배경에 '운'과 함께 '둔'이 있었다는 점을 보여준다.

우직하게 한 길을 걷는 경영 전략은 단기적인 유행이나 외부 압력에 흔들리지 않고, 한 가지 핵심 역량에 집중하며 꾸준히 개선하는 방식이다. 이는 롤링 스톤즈가 장수하는 밴드가 될 수 있었던 전략과도 일맥상통한다.

워런 버핏은 "장기 투자에 있어서는 인내심이 모든 것이다."라고 말한 바 있다. 이처럼 '둔'의 미덕은 단기적 유행이나 일시적 성과에 연연하지 않고, 미래를 위한 준비와 지속적 발전이 기업 경쟁력의 핵심이라는 것을 일깨워 준다.

근성이 없으면
성공할 수 없다

: 단기적 성과보다 장기적 비전과 지속적 노력

   삼성 창업주 이병철 회장의 '운 · 둔 · 근' 경영 철학은 오늘날의 글로벌 기업들이 변화무쌍한 환경 속에서 성공을 유지할 수 있는 중요한 원칙으로 삼을 수 있을 것이다.

   '운'을 잡기 위해서는 기회를 포착하는 감각이 필요하다. 우연히 찾아오는 기회를 신속하게 인식하고, 그 기회를 전략적으로 활용하는 능력이다. 기업의 경우 시장의 흐름, 기술 발전, 소비자 트렌드 등 외부 환경의 변화를 민감하게 포착하는 데서 출발한다. 그렇지 못하면 운이 와도 알 수 없고, 운이 오는 걸 알지 못하면 당연히 잡을 수도 없다.

   어느 날 갑자기 오는 운을 거머쥐는 데 필요한 것은 '둔'이다. 단기적인 성과에 집착하지 않고, 꾸준한 노력과 인내를 바탕으로 우직하게 장기적인 성공을 추구하는 자세를 뜻한다. 이렇게 한 우물을 파다 보면 언젠가 행운의 시기가 온다.

'근'은 '운'과 '둔'을 가능하게 해 주는 근성이다. 모든 성과의 바탕이 되는 견고한 기반을 의미한다. R&D, 인재 육성, 조직 문화, 기술 인프라 등 기업의 내실을 다지는 요소들을 포함하는 개념이라고 할 수 있다. 근성이 없다면 노력과 인내가 불가능하고, 운이 오기도 전에 포기하게 된다.

삼성 창업주 이병철 회장이 쓴 '운둔근' 휘호.

'근' 경영을 보여주는 사례는 아마존을 들 수 있다. 제프 베이조스는 1994년 아마존을 창업할 때 단순한 온라인 서점을 넘어 장기적으로 전자상거래 생태계 구축을 염두에 두고 미래 산업에 과감하게 투자했다. 초기에는 수익이 나지 않고 적자 상태가 이어졌지만, 베이조스는 '장기적인 관점에서 바라봐야 한다'라는 신념을 지키며 끊임없는 재투자와 고객 중심의 혁신 전략으로 점차 글로벌 리더로 성장했다.

근성을 말할 때 일론 머스크 테슬라 CEO도 빼놓을 수 없다. 테슬라는 전기차 사업의 기술적 한계와 생산 문제, 재정적 어려움 등을 겪었다. 반복되는 실패에 주변에서는 회의론이 커졌지만, 머스크는 "중요한 일이면 확률이 낮아도 도전해야 한다."라고 말하며 끊임없이 도전했고, 결국 글로벌 전기차 시장을 선도하게 되었다. 자칫 허황된 말처럼 들리는 머스크의 '화성 정복' 계획에 사람들이 기대를 거는 것은 테슬라를 통해 그의 근성을 확인했기 때문이다.

중국 전자상거래 플랫폼 알리바바(Alibaba)의 사례도 있다. 창업자 마윈(馬雲)은 "오늘은 힘들고, 내일은 더 힘들겠지만, 모레는 반드시 아름다울 것이다."라고 말하며 도전을 이어갔다. 이 말은 전 세계 창업자들에게 큰 영감을 주며, 어려운 상황에서도 끈기를 잃지 말라는 메시지로 널리 회자되고 있다.

이처럼 성공한 경영인들의 공통된 메시지는 결국 "성공은 '근'에서 비롯된다."라는 것이다. 단순한 운이나 순간의 기회뿐만 아니라, 수많은 어려움을 이겨내고 지속적으로 도전하는 '근'의 가치를 그들은 알고 있었던 것이다.

롤링 스톤즈도 근성과 끈기를 바탕으로 성공할 수 있었다.

롤링 스톤즈의 역사는 단순한 운이나 순간의 성공이 아니라, 수십 년에 걸친 끊임없는 노력과 인내, 그리고 변화하는 환경 속에서도 자신들만의 음악적 색깔을 지켜왔기에 가능했다.

롤링 스톤즈는 청소년 문화와 반항의 아이콘으로 부상했지만, 동시에 사회적 편견과 언론의 비판에 시달렸다. 멤버 간의 갈등과 초기의 불안정한 조직구조 역시 롤링 스톤즈의 기반을 흔드는 요인이었다. 그러나 롤링 스톤즈는 이러한 도전적인 상황을 견디고, 때로는 활용하며 근성 있는 모습을 보여줬다.

특히 롤링 스톤즈의 리더였던 브라이언 존스를 해고한 것은 밴드 활동에 큰 타격을 줄 수 있는 요인이었지만, 멤버들은 이를 극복하고 새로운 라인업으로 음악적 길을 계속 걸었다. 이는 인생의 예상치 못한 시련에도 굴하지 않고 나아가는 '근'의 자세를 잘 보여준다고 할 수 있다.

음악적 혁신과 지속적인 노력에서도 롤링 스톤즈의 '근' 경영을 엿볼 수 있다. 롤링 스톤즈는 블루스와 로큰롤을 기반으로 시작했지만, 시대의 흐름에 맞춰 디스코 요소까지 수용하며 끊임없이 음악적 변신을 시도했다. 기존의 성공에 안주하지 않고 지속적으로 새로운 시도를 하는 모습은 근면함과

도전 정신을 보여준다.

끊임없는 투어와 라이브 퍼포먼스도 롤링 스톤즈의 근성을 보여준다. 이들은 60년 넘도록 전 세계를 무대로 공연을 이어가면서 매번 최고의 열정을 보여주며 관객과 소통하고 있다.

롤링 스톤즈 멤버들은 때때로 법적 문제, 건강상의 위기, 혹은 사회적 논란 등 여러 난관에 직면했다. 그럼에도 불구하고, 〈You Can't Always Get What You Want〉 노래 가사처럼, 원하는 결과를 바로 얻지 못할 때도 계속 도전하며 결국 성공 가도를 달릴 수 있었다. 이처럼 롤링 스톤즈의 여정은 언제나 단기적인 성과보다 장기적인 비전과 인내, 그리고 지속적인 노력이 얼마나 중요한지를 잘 보여준다.

시크릿 경영 노트

심리학자 안젤라 더크워스(Angela Duckworth) 펜실베이니아 대학교 심리학과 교수는 성공의 핵심 요소는 재능이나 지능이 아니라 '그릿(grit)'이라고 설명한다. 그는 "IQ보다 중요한 것은 끈기와 열정이다."라고 주장하며, 성공한 사람들의 공통된 특성으로 장기적인 목표를 향한 꾸준한 노력과 인내를 꼽았다. 그릿은 이병철 회장이 말한 '운·둔·근'에서 '근'에 해당한다.

롤링 스톤즈가 수많은 어려움 속에서도 묵묵히 자신들의 길을 가며 성공한 것은 '근' 경영의 좋은 사례라고 볼 수 있다. 롤링 스톤즈는 초기의 불안정과 내부 갈등, 멤버 변화, 그리고 사회적 비난 등 역경에도 불구하고, 꾸준한 혁신과 끝없는 투지로 세계 최고의 록 밴드로 자리매김했다.

이는 대중음악은 물론 경영, 더 나아가 인생에 있어서 '근'의 자세가 얼마나 중요한 가치인지를 극명하게 보여준다.

결국, 성공은 '운'으로 시작되지만, '둔'으로 지켜내고, '근'으로 완성된다.

8

위대한 유산을 남겨라

창업을 했다면
레거시를 만들어라

: 지속 가능한 브랜드를 만드는 방법

"당신의 레거시는 당신이 만진 모든 삶이다."라는 오프라 윈프리*(Oprah Winfrey)*의 말처럼, 이 세상을 거쳐 간 모든 존재는 레거시를 남긴다. 레거시는 우리말로 표현하자면 '유산(遺産)'이다. 『표준국어대사전』에서 이 단어를 찾아보면, 두 번째 의미로 '앞 세대가 물려준 사물 또는 문화'라고 나온다. 사회적 유산, 역사적 유산, 시대적 유산 등이 이 의미로 쓰인다. 유산을 남기는 것은 개인, 가족, 국가에 국한되지 않는다. 기업도 유산을 남긴다.

누군가가 회사를 설립할 때는 크게 두 가지 생각을 한다. 사업을 잘 키워서 막대한 이윤을 남기고 매각하는 것, 그리고 지속하는 사업체를 만들어 이 세상에 흔적을 남기는 것. 후자가 바로 기업이 남기는 유산이라고 볼 수 있다.

브랜드 구축 대행사인 더 와일드 에이전시(The Wyld Agency) 설립자인 스테파니 번즈(Stephanie Burns)는 2020년 경영 전문지 〈포브스(Forbes)〉에 기고한 글에서 '당신의 비즈니스를 위한 레거시를 구축하는 방법'을 소개한 적이 있다. 그가 첫 번째로 꼽은 것은 '내가 하는 일에서 최고가 되는 것'이다. 그러면서 특정 분야 최고의 기업이 남긴 유산의 예로 디즈니(Disney)를 들었다. 설립자 월트 디즈니(Walt Disney)는 놀이공원과 애니메이션을 통해 아이들을 위한 원더랜드를 만들고자 했고, 그 분야의 최고가 됨으로써 디즈니는 위대한 유산을 남겼다는 설명이다.

디즈니가 놀이동산과 애니메이션 분야에서 위대한 유산을 남겼다면, 롤링 스톤즈의 발자취 하나하나는 대중음악 역사에 길이 남을 유산이다.

롤링 스톤즈는 1962년 결성된 이후 60년 넘게 세계적인 인기를 누리며 지울 수 없는 발자취를 남겼다. 이들은 블루스 기반의 거친 록 사운드, 강렬한 퍼포먼스, 그리고 시대를 초월한 메시지로 대중음악계에 엄청난 영향을 미쳤다. 롤링 스톤즈는 블루스, R&B, 로큰롤을 결합해 새로운 사운드를 창조하며 1960~1970년대 록 음악 분야를 주도했다. 특히, 기존의 록 음악과 달리 거칠고 원초적인 사운드를 강조하면서 록 음악의 반항적인 정체성을 확립했다. 이는 후대의 펑크록, 하드록, 헤비메탈 등의 장르에도 영향을 미쳤다.

대표적인 앨범 ≪Beggars Banquet≫, ≪Let It Bleed≫, ≪Sticky Fingers≫, ≪Exile on Main St.≫ 등은 록 음악의 고전으로 평가받으며, 지금까지도 많은 뮤지션들에게 영감을 주고 있다. 롤링 스톤즈의 음악적 유산은 단순히 시대를 초월한 히트곡에 머무르지 않고, 음악 산업 전반에 영향을 미쳤다. 이들은 록 밴드가 단순한 음악 그룹이 아니라 '브랜드'가 될 수 있음을 증명했다. 스튜디오 음반뿐만 아니라 라이브 공연, 영상, 마케팅 전략 등에서도 혁신적인 행보를 보이며 현대 대형 록 밴드의 모델을 제시했다.

특히 롤링 스톤즈는 라이브 공연을 통해 음악적 정체성을 더욱 강하게 드러냈다. 롤링 스톤즈의 투어는 규모와 영향력 면에서 타의 추종을 불허했다. 2005~2007년 동안 진행된 〈A Bigger Bang Tour〉는 당시 역사상 가장 높은 수익을 올린 투어 중 하나였다. 이들의 공연은 단순한 음악을 넘어 하나의 문화적 현상이 되었으며, 록 콘서트의 새로운 기준을 제시했다. 대규모 스테이지, 혁신적인 조명과 영상 효과, 관객과의 교감은 현대 라이브 공연의 필수 요소로 자리 잡았다. 또한, 이들은 전 세계 곳곳을 순회하며 록 음악을 글로벌 문화로 확산시키는 데 기여했다.

롤링 스톤즈 티셔츠를 입은 연예인들.
왼쪽부터 해리 스타일즈, 셰어 로이드, 제시카 심슨, 크리스틴 리터, 제시카 알바.

록 뮤지션의 반항적 이미지와 록 스타 문화를 형성한 것도 롤링 스톤즈가 남긴 유산이다. 비틀즈가 깔끔한 이미지로 대중성을 확보했다면, 롤링 스톤즈는 반항적이고 거친 스타일로 차별화됐다. 이들은 자유롭고 도발적인 스타일을 지향하며 반문화의 아이콘으로 자리를 잡았다. 믹 재거의 카리스마 넘치는 무대 퍼포먼스, 키스 리처즈의 폭발적인 기타 연주와

터프한 라이프 스타일은 이후 수많은 록 스타들이 따르는 롤모델이 되었다.

세계적인 록 밴드답게 수많은 명곡과 음악적 유산을 남기기도 했다. 록 역사상 가장 상징적인 리프와 반항적인 가사로 시대를 초월한 명곡 〈(I Can't Get No) Satisfaction〉, 어두운 분위기의 사이키델릭 록을 대표하는 〈Paint It, Black〉, 문학적이고 도발적인 가사가 돋보이는 〈Sympathy for the Devil〉등은 수많은 아티스트들에게 커버되거나 샘플링되었으며, 록뿐만 아니라 다양한 음악 장르에 영감을 줬다. 그뿐만 아니라, 1980년대와 1990년대에도 〈Start Me Up〉, 〈Mixed Emotions〉와 같은 곡들을 통해 변함없는 히트곡을 만들어냈으며, 시대의 흐름에 맞게 사운드를 변주하면서도 본연의 정체성을 유지했다.

무엇보다 60년이 넘는 세월 동안 꾸준히 활동하면서도 시대의 흐름에 맞게 자신들의 음악을 변주해 온 점은 롤링 스톤즈만의 독보적인 유산이다. 이들은 단순히 과거의 명성에 기대지 않고, 새로운 음악 스타일을 흡수하면서도 자신들만의 색깔을 유지하는 법을 터득했다. 1980년대 이후에는 펑크와 뉴웨이브의 영향을 받으며 보다 현대적인 사운드를 구축했고, 1990년대와 2000년대에는 블루스와 전통적인 록 사운드를 현대적으로 재해석했다. 이들은 또한 비즈니스적인 측면에서도 독보적인 성공을 거두었다. 롤링 스톤즈는 투어를 통해 막대한 수익을 창출했으며, 티켓 판매뿐만 아니라 공식 머천다이징, 독점 계약, 브랜드 협업 등을 통해 수익 모델을 확장했다. 특히, 1994년 〈Voodoo Lounge Tour〉 이후부터 본격적으로 대형 기업들과 스폰서십을 체결하며 현대 대형 투어의 새로운 수익 모델을 제시했다.

이처럼 롤링 스톤즈는 단순한 록 밴드를 넘어 하나의 문화적 현상이자 록 음악의 역사와 함께해 온 살아있는 전설로 평가받고 있다. 이들의 음악, 퍼포먼스, 스타일, 반항적인 태도는 록 음악을 정의하는 중요한 요소가 됐으며, 이후 세대에도 영향을 미치고 있다. 또한, 비즈니스적인 측면에서도 지속적으로 혁신을 이루며 음악 산업 전반에 영향을 미치고 있으며, 이는 단순한 밴드가 아닌 하나의 브랜드로서의 가치를 확립한 사례로 남아 있다.

시크릿 경영 노트

"우리는 우주에 흔적을 남기기 위해 존재한다. 그렇지 않다면 왜 여기에 있는가?"

스티브 잡스는 애플 창립 초창기에 이런 말을 자주 했다고 한다. 애플을 단지 돈을 버는 회사가 아닌, 세상에 영향을 미치는 조직으로 만들자는 의미였다. 그는 단순히 제품을 만드는 것을 넘어, 세상을 변화시키는 것이야말로 기업이 할 일이라고 봤다. 이것이 레거시이고 유산이다.

경영자들은 래거시를 남기기 위해 ▲조직을 성장시키고 ▲사회에 영향을 주며 ▲차별화된 브랜드 가치를 구축하고 ▲장기적인 비전을 가지고 ▲끊임없이 변화하고 도전해야 한다고 강조한다.

롤링 스톤즈도 마찬가지였다. 이들은 음악적 혁신뿐만 아니라 사회적 영향력 확대와 독창적인 브랜드 구축을 통해 대중음악계에 위대한 유산을 남겼다.

기업들 역시 단순히 이윤 창출을 넘어 사회적 책임, 지속 가능한 성장, 기업 문화, 미래 세대를 위한 투자 등 다양한 측면에서 더 큰 가치를 만들어야 지속적인 유산을 남길 수 있을 것이다.

사회적 책임을
다하라

: 록 밴드의 자선 활동이 가져온 브랜드 가치 상승

롤링 스톤즈는 단지 음악을 만드는 밴드를 넘어선 글로벌 문화 브랜드다. 이들은 60년 넘는 세월 동안 전 세계적으로 공연을 이어 왔고, 다양한 세대를 아우르며 지속적인 인기를 유지해 왔다. 이처럼 오랜 시간 대중의 지지를 받는다는 것은 단순히 음악적 완성도나 퍼포먼스만으로 설명되기 어렵다. 그 중심에는 사회와의 관계를 유지하고, 시대적 책임을 다하려는 전략적 태도가 자리하고 있었다.

롤링 스톤즈는 공개적으로 정치적 입장을 표방하는 밴드는 아니었지만, 사회적 메시지가 포함된 활동에는 꾸준히 참여해 왔다. 그중 대표적인 사례는 2003년 7월 30일 캐나다 토론토에서 열린 자선 콘서트다. 당시 토론토는 사스*(SARS-중증급성호흡기증후군)* 확산의 중심지로 분류되며 관광객 급감, 경제 활동

위축 등으로 큰 타격을 입고 있었다. 이를 극복하기 위해 캐나다 정부와 민간 주최 측은 〈사스 릴리프*(SARS Relief)*〉라는 타이틀을 걸고 대규모 무료 콘서트를 기획했고, 롤링 스톤즈는 헤드라이너로 무대에 오르는 것을 수락했다.

이 콘서트에는 AC/DC, 러시*(Rush)*, 저스틴 팀버레이크*(Justin Timberlake)* 등 다양한 아티스트가 참여했고, 총 45만 명 이상의 관객이 운집했다. 이 공연은 토론토 관광 회복의 전환점으로 평가받았다.

이러한 참여는 홍보 목적의 '착한 행동'이 아니라, 롤링 스톤즈라는 브랜드가 시대와 사회를 인식하고 있다는 증거였다. 이는 기업의 사회적 책임*(CSR-Corporate Social Responsibility)*과 맥을 같이 한다.

롤링 스톤즈의 믹 재거(오른쪽)와 키스 리처즈가 2003년 7월 30일 캐나다 토론토 다운스뷰 파크에서 열린 '사스 릴리프' 콘서트에서 공연을 하고 있다. ⓒalamy

오늘날 CSR은 단지 선택 사항이 아니다. 소비자와 투자자, 정부, 시민사회 등 다양한 이해관계자들은 기업이 사회적 책임을 다하고 있는지를 기준으로 판단한다. CSR이 마케팅의 하나로 여겨지던 시기를 지나, 이제는 브랜드 정체성에 녹아든 철학으로 발전하고 있다.

예를 들어, 유니레버*(Unilever)*는 2010년대 초부터 브랜드별 사회적 미션을 내걸고 캠페인을 전개해 왔다. 대표적으로 유니레버 산하 브랜드인 도브는 '진짜 아름다움*(Real Beauty)*' 캠페인을 통해 여성의 자존감 향상, 외모 다양성 인식 개선 등의 메시지를 전하며 브랜드 충성도를 높였다. 애플은 재생 에너지 사용 확대, 공급망 내 노동 인권 준수, 개인 정보 보호에 이르기까지 다양한 CSR 영역에 걸쳐 투명성과 책임을 강조한다. 이처럼 기업의 사회적 책임은 전략과 분리된 별도의 영역이 아니라, 사업 운영의 중심 요소가 되어가고 있다.

롤링 스톤즈 역시 사운드와 스타일 외에도 시대에 대한 감수성, 사회적 맥락과의 연결성을 통해 그들의 브랜드를 유지해 왔다. 대규모 재난, 사회적 위기 상황에서 무대에 올라 연대의 메시지를 보내는 것은 단순한 출연을 넘어서 대중과의 신뢰를 구축하는 행위였다.

중요한 것은 롤링 스톤즈가 CSR을 '캠페인'처럼 따로 운영하지 않았다는 점이다. 그들의 행보는 보여주기식의 활동보다 조화된 이미지와 메시지로 이어졌다. 이는 오늘날 기업이 참고할 만한 중요한 전략이다. 사회적 메시지를 억지로 끼워 넣는 것이 아니라, 기업의 정체성·제품·고객과 자연스럽게 연결되도록 구성해야 한다.

사회적 책임은 기업의 이미지 관리를 위한 행동이 아니다. 그것은 브랜드가 시대와 대화하고 사회적 정당성을 얻는 방식이다.

시크릿 경영 노트

마이클 포터와 마크 크레이머(Mark R. Kramer)는 2006년 <하버드 비즈니스 리뷰(HBR)>에 발표한 논문에서 "기업의 가장 전략적인 CSR은 사회적 가치를 기업의 가치 제안에 통합할 때 실현된다."라고 밝혔다. CSR이 단순한 자선 활동으로 그쳐서는 안 되며, 기업 고유의 경쟁 전략과 통합되어야 한다는 얘기다. 이는 기업이 사회와의 관계를 전략적으로 설계해야 한다는 뜻이며, CSR을 선택적 이미지 관리가 아닌 경쟁 우위의 수단으로 바라보아야 한다는 의미이기도 하다.

이 철학은 롤링 스톤즈의 행보와 자연스럽게 맞닿는다. 롤링 스톤즈는 정치적 메시지를 직접적으로 드러내는 밴드는 아니었지만, 사회와 시대를 향한 감수성을 음악과 활동을 통해 꾸준히 표현해 왔다. 특히 2003년 캐나다 토론토에서 열린 사스 자선 콘서트는 그들의 브랜드가 단순한 엔터테인먼트를 넘어 사회 회복의 주체로 기능할 수 있음을 보여준 대표적 사례다. 이 공연은 45만 명이 모인 대규모 무료 콘서트였으며, 위기에 빠진 도시와 경제를 회복시키는 데 상징적인 역할을 했다.

기업도 마찬가지다. 유니레버는 제품마다 사회적 미션을 내세우는 전략을 통해 브랜드의 진정성을 높였고, 도브는 여성의 자존감 향상이라는 메시지를 일관되게 전달하며 강력한 소비자 공감을 이끌어냈다. 이처럼 CSR은 기업 정체성과 자연스럽게 통합되어야 진정한 영향력을 가진다.

CSR은 단발성 선행이나 위기 시의 홍보 수단으로 그쳐서는 안 된다. 브랜드가 사회와 꾸준히 '대화'하고, 그 속에서 자신의 존재 이유를 설명하려 할 때, 소비자와 이해관계자는 그 브랜드를 신뢰할 수 있는 파트너로 받아들인다. 롤링 스톤즈는 자선 공연에 참여하고, 시대를 반영한 곡을 만들며, 사회와의 연결을 끊임없이 유지해 왔다. 그리고 그 진정성 있는 관계가 60년 넘는 생존력의 기반이 되었다.

기업에도 같은 질문이 유효하다. '우리는 왜 존재하는가?', '우리는 이 사회에 어떤 가치를 돌려주는가?' 이 질문에 답할 수 있는 조직만이 브랜드로서 살아남고, 또 존경받는다.

본질은
이윤 창출이란 걸
명심하라

: 수십억 달러를 벌어들인 음악 기업

　기업은 이윤을 추구하는 영리성을 가진다는 점에서 정부, 종교, 시민 단체 등과는 구별된다. 어떤 기업도 이윤을 내지 못하면 존재할 수 없고, 따라서 모든 기업은 이윤을 극대화하기 위해 다양한 경영 전략을 구사한다. 기업이 이윤을 극대화하면 자연스럽게 경제 성장, 일자리 창출, 세금 납부 등을 통해 사회에 이바지하게 된다.

　다만 최근에는 이윤 추구 외에도 기후 변화 대응, 윤리적 생산 등 사회적 책임을 다하는 기업이 더 높은 평가를 받고 있다. 또한, 기업의 목적이 단순히 '이윤 추구이냐, 사회적 가치 추구이냐'라는 이분법이 아니라, 이윤과 사회적 가치를 균형 있게 추구해야 한다는 견해에 힘이 실리고 있는 분위기다. 기업들이 앞다퉈 '환경·사회·거버넌스(ESG) 경영'에 나서고 있는 배경이기도 하다.

그러나 확실한 것은 이윤을 내지 못하는 기업은 사회적 가치를 창출하기도 전에 사라진다는 점이다. 이 때문에 기업의 일차적인 목적은 예나 지금이나 이윤 창출이다.

영국 런던 카나비 스트리트에 2020년 9월 문을 연 롤링 스톤즈 오피셜 스토어. ⓒalamy

롤링 스톤즈는 기업이 아닌 록 밴드였지만, 이윤 추구에 있어서는 웬만한 기업을 뛰어넘는 집요함을 보였다. 소득세를 덜 내기 위해 프랑스로 본거지를 옮기는가 하면, 록 밴드라는 자존심을 잠시 버리고 디스코 풍의 노래를 만들기도 했으며, 소비자의 선택을 받기 위해 유명 아티스트 앤디 워홀에게 앨범 표지 디자인을 맡겼다.

롤링 스톤즈가 특히 돈에 대한 동물적인 감각을 보인 분야는 공연이다. 롤링 스톤즈는 1980년대 들어 앨범 판매보다 콘서트 개최에 공을 들였다. 한 기업이 주력 사업을 전환한 것에 비교할 수 있을 정도의 전략 개편이었다. 과거에는 모든 뮤지션들이 앨범 홍보를 위해 공연을 했지만, 롤링 스톤즈는 공연 자체를 하나의 '소비자 경험'으로 승화시켰다. 이를 통해 콘서트 자체가 수익 사업이 될 수 있다는 점을 증명했다.

롤링 스톤즈는 60년이 넘는 활동 기간 동안 얼마나 많은 돈을 벌었을까.

한 기업이 얼마만큼의 이윤을 내는지는 재무제표를 들여다보면 알 수 있다. 모든 나라에서 주식회사나 상장 기업은 재무 상태표, 포괄 손익 계산서, 현금 흐름표 등을 주주들에게 투명하게 공개해야 한다. 그러나 롤링 스톤즈는 법적으로 기업이 아니기 때문에 재무제표를 공개하지는 않는다.

따라서 롤링 스톤즈가 얼마를 벌어 얼마를 남기는지 정확하게 알 길은 없다. 다만 음반 판매량, 스트리밍 횟수, 콘서트 티켓 판매 등을 종합하면 대략적인 매출은 가늠할 수 있다. 비록 정확한 집계는 아니지만, 추정치만으로도 롤링 스톤즈의 실적은 세계 최고 수준인 것만은 분명하다.

경영 전문지 〈포브스〉에 따르면 롤링 스톤즈는 2022년에만 9,800만 달러를 벌어들이며 전체 엔터테이너 매출 순위 7위에 올랐다. 가수나 밴드만 놓고 보면 세 번째로 높은 순위이며, 요즘 최고 인기를 구가하는 테일러 스위프트*(Taylor Swift)* 보다도 많은 돈을 번 것으로 집계됐다. 물론 해당 연도에 앨범을 발표했느냐, 월드 투어를 했느냐 등의 변수에 따라 뮤지션들의 수입은 크게 달라지기 때문에 2022년의 매출 순위가 불변의 것은 아니다. 하지만 적어도 롤링 스톤즈는 거의 매년 상위권을 차지하고 있다.

2022년 엔터테이너 매출 톱 10

1. 제네시스(Genesis): 밴드/2억 3,000만 달러
2. 스팅(Sting): 가수/2억 1,000만 달러
3. 타일러 페리(Tyler Perry): 배우/1억 7,500만 달러
4. 트레이 파커(Trey Parker) & 매트 스톤(Matt Stone): 영화감독/1억 6,000만 달러

5. 제임스 브룩스(James L. Brooks) & 매트 그로닝(Matt Groening): 영화감독/1억 500만 달러

6. 브래드 피트(Brad Pitt): 배우/1억 달러

7. 롤링 스톤즈(Rolling Stones): 밴드/9,800만 달러

8. 제임스 캐머런(James Cameron): 영화감독/9,500만 달러

9. 테일러 스위프트(Taylor Swift): 가수/9,200만 달러

10. 배드 버니(Bad Bunny): 가수/8,800만 달러

(자료=포브스)

롤링 스톤즈가 투어에 사용하는 전용기. ⓒalamy

이보다 앞서 2021년에 롤링 스톤즈가 올린 수입은 5,090만 달러라고 음악 전문지 〈빌보드〉가 보도한 바 있다. 이 당시에

는 세부적인 매출이 공개됐는데, 공연 수입 4,450만 달러, 스트리밍 로열티 310만 달러, 음반 로열티 200만 달러, 퍼블리싱 로열티 120만 달러 등이었다. 수입의 절대적인 부분을 콘서트가 차지하고 있다는 것은 1980년대에 단행한 이들의 주력 사업 전환이 대단히 성공적이었다는 것을 보여준다.

언론이 추정한 롤링 스톤즈의 실적은 매출 기준이다. 활동에 필요한 비용 등을 제외한 순이익이 얼마인지는 추정치가 없다. 다만 앨범 제작에 비해 콘서트 개최의 이익률이 훨씬 높다는 점을 고려하면, 콘서트 기업으로 변신한 롤링 스톤즈가 남기는 이익은 다른 뮤지션들에 비해 클 것으로 보인다.

타임라인을 확장해 보면 롤링 스톤즈의 콘서트 매출 실적은 독보적이다. 폴스타(Pollstar)가 1982년부터 2022년까지 집계한 투어 박스오피스에 따르면 롤링 스톤즈는 40년간 콘서트를 통해 총 21억 6,528만 달러를 벌었다. 유투(U2)가 21억 2,777만 달러로 근접했을 뿐 다른 아티스트들은 20억 달러에 크게 못 미쳤다.

2024년에도 롤링 스톤즈는 투어 콘서트 매출로 2억 3,500만 달러를 올렸다. '테일러노믹스(Taylornomics)'라는 신조어까지 만들어낸 테일러 스위프트(10억 4,342억 달러)에 한참 못 미치는 매출이지만, 콘서트 1회당 매출은 롤링 스톤즈가 1,305만 달러로, 스위프트(1,304만 달러)를 다소 앞선다.

언젠가 롤링 스톤즈가 은퇴하고, 상대적으로 젊은 뮤지션들이 계속 투어를 이어간다면 순위는 바뀔 수 있다. 그러나 테일러 스위프트가 지금의 인기를 10년, 20년 뒤에도 유지한다면 모를까, 어느 누구도 롤링 스톤즈의 기록을 깨기란 쉽지 않을 것이란 게 업계 관계자들의 관측이다.

이 밖에도 롤링 스톤즈는 60년 넘는 활동 기간 동안 음반 발표, 판매 순위, 차트 진입 등에서 다른 뮤지션들이 따라오기 힘든 다양한 기록을 세웠다.

롤링 스톤즈가 그동안 발표한 작품은 2025년 현재 스튜디오 앨범 31장, 라이브 앨범 39장, 컴필레이션 앨범 28장, 미니앨범(EP) 3장, 싱글 122곡, 박스세트 33개, 비디오 앨범 51개, 비디오 박스셋 2개, 뮤직비디오 77곡 등이다.

롤링 스톤즈는 이러한 작품 활동을 통해 전 세계에서 2억 4,000만 장 이상의 음반 판매고를 올렸다. 이 같은 성적을 토대로 〈빌보드〉는 롤링 스톤즈를 비틀즈에 이어 두 번째로 '위대한 아티스트'로 꼽는다.

시크릿 경영 노트

기업이 지속적으로 성장하고 사회적 가치를 창출하기 위해서는 무엇보다 이윤을 창출하는 것이 필수적이다. 롤링 스톤즈의 사례는 이러한 경영 원칙을 잘 보여준다. 60년이 넘는 활동 기간 동안 그들은 음악 산업의 변화에 맞춰 전략을 수정하며 지속적인 성공을 거두었다. 특히 1980년대부터 콘서트 사업에 집중하는 전략을 택하며, 높은 이익률을 유지할 수 있었다.

이윤 창출이 없다면 사회적 가치를 논할 수도 없다. 기업이 돈을 벌어야 고용을 창출하고 세금을 납부하며, 사회 환원을 할 수 있기 때문이다. 롤링 스톤즈는 엄청난 공연 수익을 바탕으로 지속적인 기부와 자선 활동을 이어가고 있다. 이는 MS의 빌 게이츠가 기업 경영을 통해 얻은 부를 바탕으로 '빌 & 멜린다 게이츠 재단'을 설립해 글로벌 보건 및 교육 분야에 기여하는 것과 유사하다.

앤드루 카네기는 『부의 복음(The Gospel of Wealth)』에서 부를 사회적으로 유익하게 재분배하기 위해 기업이 성공해야 한다고 주장한다. 사회 환원의 중요성을 설파하고 실제로도 실천한 카네기도 젊은 시절에는 필사적으로 이윤을 추구했다. 그는 기업이 충분한 이윤을 창출하지 못하면 부를 사회에 환원할 수 없으므로, 효율적인 경영과 수익 극대화가 필수적이라고 봤다.

기업의 사회 환원은 아름답고 의미 있는 일이다. 그러나 결국 기업의 본질적인 목표는 지속 가능한 이윤 창출이라는 걸 잊지 말아야 한다.

★ 아웃트로 ★

밴드에서 기업이 된 롤링 스톤즈의 여정은 현재 진행형

지금으로부터 60년도 더 지난 일이다. 그래서 1962년 영국의 스산한 여름밤을 기억하는 사람은 많지 않다. 천둥이 치고 비가 내리던 그해 7월 12일, 런던 옥스퍼드 스트리트에 있는 마키 클럽 무대에는 갓 결성된 풋내기 밴드가 올라왔다. 그 당시 클럽 무대에서 유명세를 떨치던 블루스 인코퍼레이티드의 '땜빵'으로 출연한 무명 밴드 롤링 스톤즈였다. 이 밴드가 훗날 영국과 미국의 대중음악계를 평정하고 역사상 최장수 록 밴드가 될 것이라고는 아무도 예상하지 못했다.

마키 클럽을 운영하던 해럴드 펜들턴(*Harold Pendleton*) 사장이 블루스 인코퍼레이티드의 리더인 알렉시스 코너(*Alexis Korner*)에게 "방송 때문에 자리를 비우면 앞으로 목요일 공연은 보장할 수 없다."라고 으름장을 놓았을 때 코너의 머릿속에는 한 인물이 떠올랐다. 이따금 그의 밴드와 함께 무대에 오르던 믹 재거였다. 코너는 곧바로 재거에게 연락했다. 비록 연습도 부족하고 아직 밴드 이름도 없었지만, 재거는 무대에 설 수 있는 절호의 기회를 놓칠 수 없었다.

믹 재거의 밴드는 이렇게 데뷔 무대를 예약했다. 〈재즈 뉴스〉 기자가 마키 클럽 공연 예고 기사 작성을 위해 전화를 걸자 재거는 잠깐 머뭇거리다 '롤링 스톤즈'라는 이름을 댔다. 블루스 명곡 〈Rollin' Stone〉이 수록된 머디 워터스의 음반을 보고 즉흥적으로 떠올린 이름이었다. 모든 멤버들이 이 이름을 마음에 들어 한 것은 아니었지만, 롤링 스톤즈란 이름은 이 전화 통화를 계기로 처음으로 활자로 남게 됐다.

안타깝게도 롤링 스톤즈의 역사적인 첫 공연에 대한 기록은 정확하게 남아 있지 않다. 재즈 뉴스에 실린 예고 기사를 보면, 첫 공연 무대에 서기로 한 롤링 스톤즈 멤버는 믹 재거(보컬), 키스 리처즈(기타), 엘모 루이스(기타), 딕 테일러(베이스), 이언 스튜어트(피아노), 믹 에이버리(드럼)였다. 그런데 훗날 킹크스(The Kinks)에 합류하는 에이버리는 이 공연에 불참했다고 한다. 누가 그를 대신해서 드럼을 연주했는지는 멤버들조차 기억하지 못한다. 토니 채프먼(Tony Chapman)이었다는 추정만 있을 뿐이다.

자필로 남아 있는 세트 리스트가 있지만, 실제로 이 곡들을 연주했는지는 불분명하다. 다만 여러 참석자의 기억을 종합해 보면, 롤링 스톤즈는 〈Kansas City〉, 〈Confessin' The Blues〉, 〈Bright Lights Big City〉, 〈Down The Road A Piece〉, 〈Dust My Broom〉 등의 곡을 연주했다. 자신들의 영웅과도 같은 시카고 블루스 거장들의 곡이다. 자작곡은 아직 한 곡도 만들기 전이었다.

비록 정확하지 않은 기록과 흐릿한 기억뿐이지만, 어쨌든 1962년 7월 12일 런던 마키 클럽에서 롤링 스톤즈가 데뷔 콘서트를 했다는 사실만은 분명하다. 그리고 이후 2년 동안 롤링 스톤즈가 마키 클럽에서 정기적으로 공연을 한 것을 보면 롤링 스톤즈는 첫 무대부터 '찢어 버린' 것이 확실하다.

롤링 스톤즈는 그날의 첫 공연 이후 지금까지 2,000회가 넘는 콘서트를 했다. 정확하게는 2022년 8월 기준 2,065회를 기록했고, 지금도 숫자는 점점 늘어나고 있다. 대략 60년간 연평균 33회 공연을 했다는 의미인데, 최근에는 연간 10여 회의 공연만 하고 있다는 점을 고려하면 전성기에 얼마나 자주 무대에 섰는지 짐작할 수 있다.

세계적으로 유명한 아티스트가 공연 좀 많이 뛰었다고 할 때 기준으로 삼는 숫자가 2,000이다. 이를 달성한 아티스트를 '2,000 클럽'이라고 부른다. 2,000 클럽 가입은 결코 쉽지 않다. 1년 중 3분의 1을 무대에 서면서 20년 동안 활동을 해야 가능한 일이다. 웬만한 장수 밴드가 아니면 애초에 달성하기 힘든 기록이다. 단지 오래 활동한다고 되는 것도 아니다. 관객이 모이지 않는 공연은 적자를 낼 수밖에 없다. 2,000회 이상 콘서트를 했다는 것은 그만큼 꾸준히 모객할 수 있는 인기가 뒷받침된다는 의미이기도 하다.

롤링 스톤즈가 최다 공연 기록을 보유하고 있지는 않다. 록 전문지 〈라우드와이어(Loudwire)〉에 따르면, 같은 시점 기준으로 롤링 스톤즈보다 많은 공연을 한 밴드나 뮤지션은 본 조비(2,076회), 메탈리카(2,078회), AC/DC(2,185회), 그레이트풀 데드(2,334회), 브루스 스프링스틴(2,795회), 키스(2,830회), 칩 트릭(3,914회), 블루 오이스터 컬트(4,440회) 등 20개 팀에 달한다.

롤링 스톤즈가 공연 사업의 중요성에 일찌감치 눈을 돌린 후 후배 아티스트들 역시 돈벌이가 되는 콘서트에 집중하고 있다는 것을 알 수 있다.

밴드 나이로 환갑이 지난, 주요 멤버들의 나이가 여든을 넘긴 롤링 스톤즈가 언제까지 무대에 설 수 있을지 대중음악 업계와 팬들의 관심이 쏠린다.

일각에선 롤링 스톤즈가 서서히 무대에서 내려올 준비를 하는 것 아니냐는 시선을 보내는 것도 사실이다. 그러나 당분간 그럴 일은 없을 것으로 보인다. 2023년 10월 20일 롤링 스톤즈는 소문으로만 돌던 새 앨범을 전격으로 발표했다. 앨범 발표는 필연적으로 몇 년에 걸친 월드 투어로 이어진다.

롤링 스톤즈의 스물네 번째(영국 기준) 스튜디오 앨범 제목은 ≪Hackney Diamonds≫이다. 2005년 ≪A Bigger Bang≫ 이후 첫 오리지널 곡으로 채워진 앨범이며, 2021년 드러머 찰리 와츠 사망 이후 내놓은 첫 작품이기도 하다.

애초 ≪Hackney Diamonds≫는 2020년부터 작사·작곡 및 레코딩 작업이 시작됐지만, 코로나19 팬데믹으로 인해 점점 지연되다 2023년 후반이 돼서야 빛을 볼 수 있었다. 이 앨범에는 엘튼 존(Elton John), 레이디 가가(Lady Gaga), 폴 매카트니, 스티비 원더(Stevie Wonder), 그리고 전 롤링 스톤즈 멤버인 빌 와

이먼이 게스트 뮤지션으로 참여해 눈길을 끌었다.

≪Hackney Diamonds≫는 80대 노인들이 만든 음악이라고는 도무지 믿기지 않는 에너지와 더불어 최신 트렌드에 뒤처지지 않는 모던한 사운드를 들려준다. 롤링 스톤즈를 잘 모르는 사람에게는 전성기 시절 앨범이라고 말해도 깜빡 속아 넘어갈 만한 음악이다.

앨범 발매 직후에는 호평이 이어졌다. 일간지 〈데일리 텔레그라프(The Daily Telegraph)〉는 별 다섯 개 만점을 부여했다. 이 밖에도 많은 평론가들로부터 별 네 개 이상을 받으며 '최근 수십 년 동안 나온 롤링 스톤즈 앨범 중 최고'라는 찬사가 잇따랐다.

새 앨범을 발표한 롤링 스톤즈는 2024년 4월 24일 미국 텍사스주 휴스턴에서 〈Hackney Diamonds Tour〉를 시작했다. 이제는 무대에서 내려올 나이가 됐다는 일각의 추측이 무색할 정도로, 80대 할아버지들은 무대를 뛰어다니며 전성기에 버금가는 스테이지 매너를 보여줬다.

2023년 9월 6일, 롤링 스톤즈가 ≪Hackney Diamonds≫ 앨범 출시 행사에 참석해 기념 촬영을 하고 있다. 왼쪽부터 로니 우드, 믹 재거, 키스 리처즈. ⓒalamy

물론 롤링 스톤즈라는 밴드가 칠순, 팔순을 맞이할 수 있을지는 불확실한 게 사실이다. 아무리 현대 의학이 발달했다고 하더라도, 핵심 멤버인 믹 재거와 키스 리처즈의 나이가 90살, 100살이 되도록 지금의 왕성한 에너지를 유지할 수 있을지는 의문이다. 사실, 젊은 시절 마약과 담배와 술로 매일매일을 보내고 운동이라고는 섹스밖에 안 한 이들이 지금까지 생존한 것도 기적 같은 일이다. ≪Hackney Diamonds≫가 롤링 스톤즈의 마지막 앨범이 될 것이라는 추측은 그래서 나온다.

다만 롤링 스톤즈가 무대에 서지 못하는 날이 오더라도 이들이 남긴 유산은 영원할 것이다. 록 음악 역사상 가장 위대한 밴드 중 하나로 평가받는 롤링 스톤즈는 단순히 음악을 연주하는 밴드 그 이상이기 때문이다.

롤링 스톤즈의 음악은 여전히 라디오에서 흘러나오고 있으며, 스트리밍 플랫폼에서는 새로운 세대의 청취자들에게 계속해서 재발견되고 있다. 그들의 곡은 영화, 광고, 스포츠 경기 등 다양한 미디어에서 사용되며, 문화적 아이콘으로 자리 잡았다. 또한, 롤링 스톤즈의 영향력은 동시대의 아티스트뿐만 아니라 후배 뮤지션들에게도 깊은 영향을 미쳤다. 그들의 록 음악에 대한 태도와 무대 퍼포먼스 스타일, 그리고 비즈니스 감각은 여전히 많은 밴드가 벤치마킹하는 대상이다.

그뿐만 아니라, 롤링 스톤즈는 공연을 단순한 음악 이벤트가 아닌 하나의 거대한 산업으로 발전시킨 선구자였다. '록 콘서트 비즈니스'라는 개념을 정립하고, 현대적인 투어 시스템을 구축하는 데 앞장섰다. 초대형 공연장과 혁신적인 무대 연출, 그리고 브랜드와의 협업을 통해 록 콘서트를 하나의 문화 상품으로 승화시켰다. 이들의 공연은 단순한 음악 감상이 아니라, 하나의 거대한 경험이 되었다.

≪Hackney Diamonds≫가 그들의 대미를 장식하게 될지, 아니면 또 다른 역사가 써질지는 아직 알 수 없다. 그러나 한

가지 확실한 것은, 롤링 스톤즈가 60년 넘게 전개해 온 음악과 사업이 대중음악 산업 종사자들은 물론 일반 기업 경영자들과 스타트업 창업자들에게 앞으로도 많은 영감을 줄 것이라는 사실이다.

롤링 스톤즈가 쓰고 있는 전설은 여전히 '현재 진행형'이다.

The legend the Rolling Stones are writing is still 'present progressive.'

롤링 스톤즈가 쓰고 있는 전설은 여전히 '현재 진행형'이다.

I can't get no satisfaction

난 만족할 수 없어

I can't get no satisfaction

난 만족할 수 없어

'Cause I try, and I try, and I try, and I try

노력하고, 노력하고, 또 노력하기 때문에

I can't get no, I can't get no

난 만족할 수 없어, 난 만족할 수 없어

- <(I Can't Get No) Satisfaction>

Mmm, the floods is threat'ning

홍수가 오늘의

My very life today

내 삶을 위협하네

Gimme, gimme shelter

내게 대피소를, 대피소를 줘

Or I'm gonna fade away

그렇지 않으면 난 사라지게 될 테니

- *<Gimme Shelter>*

Pleased to meet you

만나서 반갑습니다

Hope you guess my name, oh yeah

당신이 제 이름을 맞혔으면 좋겠군요

Ah, what's puzzling you

당신을 복잡하게 만드는 것은

Is the nature of my game, oh yeah

제 게임의 본성이지요

- *<Sympathy for the Devil>*

The Rolling Stones will last forever as the greatest rock and roll band ever truly. Metal, rap, funk, new wave, pop rock, anything you can all find the impact of the Rolling Stones. They are the first and the last, and no one will be able to beat them.

롤링 스톤즈는 진정한 가장 위대한 로큰롤 밴드로 최후에 영원히 남을 것이다. 메탈, 랩, 펑크, 뉴 웨이브, 팝 록, 어떤 것이든 당신은 모두 롤링 스톤스의 영향력을 찾을 수 있다. 그들이 처음이자 마지막이며 아무도 그들을 뛰어넘을 수 없을 것이다.

- Bob Dylan